머리말

교실 안팎으로 어휘 문맹의 위기가 닥쳐왔다

몇 년 전 한 방송 프로그램에서 수업 중인 교실 풍경을 본 적이 있습니다. 선생님의 설명에 귀를 기울이는 아이들의 모습. 그러나 잠시 후,

"희미한 기적 소리를 내고 있어요."

"시 한 편을 쓴 후 먼저 가제를 지어 봅시다."

아이들은 선생님이 하시는 말씀 중 '기적'과 '가제'라는 어휘의 뜻을 전혀 몰랐습니다. 고개만 갸우뚱거리고 있습니다. 전체 아이들의 절반 이상이 모르는 분위기입니다.

요즘 학생들에게 어휘 문맹의 위기가 닥쳤다고 합니다. 선생님들은 학생들이 어휘를 몰라 수업 진행이 어렵다고 말합니다. 이런 어휘 문맹은 비단 교실 안에서만 있는 일은 아닙니다. 교실 밖에서도 아이들의 어휘력은 심각했습니다. '금일 휴업'을 보고 '금요일에 휴업을 한다'고 이해하고, '고지식하다'는 '지식이 아주 높다'라는 뜻으로 알고 있었습니다.

이제는 한자의 힘을 길러 어휘를 정복해야 할 때

아이들이 잘 모르는 어휘들을 살펴보면 대부분 '한자'로 이루어진 어휘입니다. 한자어는 우리가 사용하는 어휘의 70%를 차지하고 학습 개념어의 80% 이상을 차지하는데 그 뜻을 모르니 수업을 따라갈 수 없는 게 당연합니다. 학교 공부를 잘할 수도 의사소통을 잘할 수도 없겠지요.

한자어는 비록 한글로 표기하지만 그 이면에는 한자가 숨어 있습니다. 위에서 아이들이 이해하지 못한 '가제'라는 어휘에도 한자 '假(거짓 가)'와 '題(제목 제)'가 쓰였습니다. 아이들이 이 어휘 속 '가'에 '거짓, 임시'의 뜻이 숨어 있다는 것을 알았다면 선생님께서 하신 말씀을 이해하거나 어휘의 뜻을 유추할 수 있었을 겁니다. 숨어 있는 한자의 뜻을 알고 있는 아이와 모르는 아이의 어휘력의 차이는 당연합니다.

〈어휘를 정복하는 한자의 힘〉은 권당 50개의 한자와 한자에서 파생된 한자 어휘 200개를 학습합니다. 그리고 새로운 어휘의 뜻을 유추하는 문제를 통해 어휘 추론력을 기릅니다. 한 권을 완주하면 비슷한말, 반대말까지 포함하여 약 300여 개의 어휘를 제대로 배울 수 있습니다.

매일 두 쪽씩 조금씩, 천천히, 꾸준히 공부해 보세요. 하루 두 쪽씩 쌓인 시간은 여러분의 공부 경쟁력이 될 거예요. 여러분의 어휘 정복을 응원합니다!

기적학습연구소 국어팀 일동

전체 학습 커리큘럼

〈 초등 1~2학년 권장 〉

1권	01 자연 1	日일	月월	火화	水수	木목	06 수 1	一일	二이	三삼	四사	五오
	02 자연 2	金금	土토	山산	天천	地지	07 수 2	六륙	七칠	八팔	九구	十십
	03 배움 1	學학	校교	先선	生생	敎교	08 정도 1	大대	小소	多다	少소	高고
	04 가족 1	父부	母모	兄형	弟제	寸촌	09 방향과 위치 1	東동	西서	南남	北북	中중
	05 사람 1	人인	女녀	男남	子자	心심	10 움직임 1	入입	出출	來래	登등	動동

2권	01 정도 2	長장	短단	強강	弱약	重중	06 사물 1	物물	形형	間간	車차/거	線선
	02 색	靑청	白백	黃황	綠록	色색	07 마을과 사회 1	村촌	里리	邑읍	洞동/통	市시
	03 신체 1	目목	口구	面면	手수	足족	08 자연 3	自자	然연	川천	江강	海해
	04 생활 1	食식	飮음	事사	業업	休휴	09 사람 2	姓성	名명	世세	活활	命명
	05 상태 1	有유	不불/부	便편/변	安안	全전	10 배움 2	讀독	書서	問문	答답	聞문

3권	01 수 3	百백	千천	萬만	算산	數수	06 방향과 위치 2	方방	向향	內내	外외	上상
	02 자연 4	風풍	雪설	石석	草초	花화	07 방향과 위치 3	下하	前전	後후	左좌	右우
	03 자연 5	春춘	夏하	秋추	冬동	光광	08 신체 2	頭두	身신	體체	育육	苦고
	04 집	家가	室실	門문	堂당	場장	09 생활 2	住주	用용	作작	交교	話화
	05 사람 3	力력	氣기	老로	孝효	工공	10 나라	王왕	民민	軍군	韓한	國국

* 총 6권 구성으로 학습 난이도에 따라 1~3권, 4~6권으로 구분합니다. 학습을 모두 마치면 약 1800여 개의 초등 필수 어휘를 정복할 수 있습니다.

* 학습 한자는 '한국어문회' 기준의 급수한자 8~6급 한자를 난이도, 주제, 사용 빈도에 따라 재배열하여 선정하였습니다. 6급 한자 중 李, 朴, 郡, 京 은 파생 어휘가 한정적이라 5급 한자인 考, 知, 都, 則으로 대체하였습니다.

〈 초등 3~4학년 권장 〉

4권											
	01 수 4	半반	分분	計계	第제	番번	06 상태 2	正정	直직	公공	平평	利리
	02 자연 6	林림	電전	樹수	根근	果과	07 상태 3	溫온	太태	感감	愛애	每매
	03 가족 2	夫부	祖조	孫손	族족	禮례	08 사물 2	所소	各각	表표	級급	席석
	04 사람 4	者자	信신	親친	才재	術술	09 마을과 사회 2	道도	路로	功공	共공	界계
	05 시간 1	時시	朝조	晝주	午오	夕석	10 마을과 사회 3	班반	合합	社사	會회	始시

5권											
	01 자연 7	音음	淸청	明명	陽양	洋양	06 움직임 2	立립	行행	開개	放방	反반
	02 사람 5	主주	代대	使사	意의	成성	07 상태 4	空공	同동	在재	失실	特특
	03 배움 3	習습	訓훈	樂락/악	題제	科과	08 상태 5	新신	勇용	速속	幸행	急급
	04 시간 2	夜야	昨작	今금	年년	古고	09 사물 3	衣의	服복	紙지	旗기	窓창
	05 생활 3	記기	對대	省성/생	定정	集집	10 마을과 사회 4	式식	例례	度도	理리	和화

6권											
	01 사람 6	童동	等등	美미	病병	醫의	06 생활 4	歌가	農농	植식	待대	通통
	02 사람 7	神신	戰전	號호	考고	知지	07 움직임 3	注주	發발	現현	消소	運운
	03 자연 8	由유	本본	死사	油유	銀은	08 상태 6	近근	遠원	勝승	別별	永영
	04 자연 9	角각	野야	園원	英영	庭정	09 사물 4	球구	圖도	畫화/획	米미	藥약
	05 배움 4	文문	字자	言언	語어	章장	10 마을과 사회 5	部부	都도	區구	則칙	漢한

학습 설계와 활용법

하루 학습

하루에 한자 1개, 한자 어휘 4개를 학습해요

1단계 한자 알기

오늘 배울 한자입니다. 하루에 한 자씩 한자의 뜻(훈)과 소리(음)를 배웁니다.

2단계 한자 어휘 알기

한자에서 파생된 한자 어휘 4개를 학습합니다. 한자 어휘의 뜻을 소리 내 읽어 보며 그 속에 숨어 있는 한자의 뜻을 찾아보세요. 예문 안에 한자 어휘를 쓰며 어떻게 활용되는지 자연스럽게 익힙니다. 한자 어휘의 반대말과 비슷한말도 함께 배웁니다.

마무리 학습

5일 동안 배운 내용을 복습해요

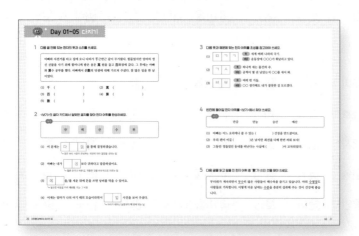

5일 동안 배운 한자 5개, 한자 어휘 20개를 문제를 풀며 복습합니다.
1한자 훈음 확인 → **2**어휘 활용력 기르기 → **3**어휘 추론력 기르기 문제가 단계별로 구성되어 있습니다.

3단계 문제로 확인하기

배운 내용을 문제로 확인합니다. **1** 한자 훈음 확인 → **2** 어휘 활용력 기르기 → **3** 어휘 추론력 기르기 문제가
단계별로 구성되어 있습니다.

어휘 추론력 기르기

마지막 문제는 '어휘 추론 문제'입니다. 어휘력의 최종
도달 단계는 어휘의 뜻을 추론하는 능력입니다. 한글로
표기되어 있지만 그 안에 어떤 뜻의 한자가 숨어 있을지
추론하며 문제를 풀어 보세요.

'風'은 '바람'의 뜻을 가진
한자야. 두 어휘 중 '바람'의 뜻이
있는 어휘는 '풍랑'인 것 같아.
'풍작'에는 어떤 한자가 쓰였을까?

도움말 다른 하나는 '풍년들 풍(豊)'을 써요.

4 다음 문장을 읽고 '風'이 쓰인 한자 어휘가 들어 있는 문장에 ✔ 하세요.

- [ ] ① 배가 거센 <u>풍랑</u>을 만나 심하게 흔들렸다.

- [ ] ② 비가 적당히 와서 올해 농사는 <u>풍작</u>을 이룰 것 같다.

특별부록

쓰면서 한자의 뜻을 기억하고 싶다면, 쓰기장을 활용해요

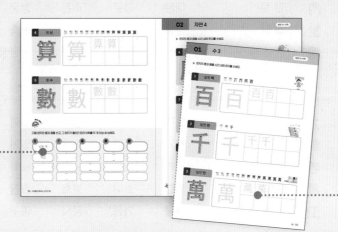

한자 쓰기를 할 수 있는 쓰기장이
맨 뒤에 수록되어 있습니다.
한 장씩 잘라서 옆에 두고 활용하
세요. 본 학습과 같이 해도 좋고
복습하는 날 한 번에 해도 좋아요.

해당 한자가 들어간
한자 어휘를 떠올려
보며 마무리합니다.

한자의 뜻을 기억하며 획순에
맞게 쓰세요. **1** 크게 따라 쓰고,
2 작게 따라 쓰고, **3** 시작점에
맞춰서 혼자 써 보세요.

이 책의 차례 3권

01 수·3

Day 1	百 일백 백	백일 | 백배 | 백번 | 백화점
Day 2	千 일천 천	수천 | 천만 | 천금 | 천고
Day 3	萬 일만 만	만년 | 만능 | 만감 | 만국기
Day 4	算 셈 산	가산 | 산수 | 예산 | 승산
Day 5	數 셈 수	무수 | 수학 | 개수 | 다수결

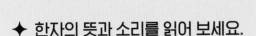
✦ 한자의 뜻과 소리를 읽어 보세요.

뜻 **소리**

일백 **백**

* '일백'의 뜻이 있어요.
* '여러, 온갖'의 뜻도 있어요.

아이가 줄넘기를 한 횟수인 백(100)을
나타낸 글자예요.

✦ 한자 어휘를 소리 내 읽어 보고 빈칸에 한자 어휘를 쓰세요.

百 일
날 日

뜻 아이가 태어난 날로부터 **백** 번째 되는 날.

예문 오늘은 내 동생이 태어난 지 | 백 | 일 | 이 되는 날이다.

百 배
곱 倍

뜻 **백**의 곱절이라는 뜻으로, 비교할 수 없을 만큼 아주.

예문 다른 수업 시간보다 체육 시간이 | | | 좋아요.

百 번
차례 番

뜻 **여러** 번 거듭.

예문 내 과자를 먹지 말라고 | | | 말해도 소용없다.

* 이 어휘에서는 '여러'의 뜻으로 써요.

百 화 점
재물 貨   가게 店

뜻 **온갖** 상품을 종류에 따라 나누어 놓고 파는 큰 가게.

예문 | | | | 에 가서 운동화를 샀다.

* 이 어휘에서는 '온갖'의 뜻으로 써요.

1 다음 글 안에 있는 한자의 뜻과 소리를 쓰세요.

길벗 **百**화점이 드디어 개장합니다!

(뜻) _____

(소리) _____

2 빈칸에 들어갈 한자 어휘를 찾아 선을 이으세요.

(1) 동생의 [   ]을/를 맞아 가족사진을 찍었다. •

(2) 우리 엄마는 빵보다 떡을 [   ] 더 좋아해요. •

• ㉠ 백배

• ㉡ 백일

3 밑줄 친 부분과 바꾸어 쓸 수 있는 한자 어휘에 ○ 하세요.

엄마는 아침에 일어나면 이불부터 정리하라고 <u>여러 번 거듭</u> 말씀하셨습니다.

백배
- - - - - -
백번

도움말 다른 하나는 '흰 백(白)'을 써요.

4 다음 문장을 읽고 '百'이 쓰인 한자 어휘가 들어 있는 문장에 ✔ 하세요.

[   ] ① 잃어버린 강아지를 찾기 위해 <u>백방</u>으로 노력했어요.

[   ] ② <u>백색</u>에 파란 줄무늬가 있는 티셔츠를 입고 있는 아이가 제 짝이에요.

✦ 한자의 뜻과 소리를 읽어 보세요.

뜻 소리

일천 천

* '일천'의 뜻이 있어요.
* '많다, 오래'의 뜻도 있어요.

천자문 안에 들어 있는 글자의 개수인 천(1000)을 나타낸 글자예요.

✦ 한자 어휘를 소리 내 읽어 보고 빈칸에 한자 어휘를 쓰세요.

수 千
셈 數

뜻 **천**의 여러 배가 되는 수의.

예문 이 은행나무는 ☐☐ 년 전에 심었대요.

千 만
일만 萬

뜻 만의 **천** 배가 되는 수의.

예문 서울 인구는 대략 ☐☐ 명이라고 해요.

千 금
쇠 金

뜻 **많은** 돈이나 비싼 값, 귀중한 것을 비유적으로 이르는 말.

예문 ☐☐ 을 준다고 해도 그 일은 못하겠다.

*이 어휘에서는 '많다'의 뜻으로 써요.

千 고
옛 古

뜻 아주 **오랜** 세월 동안.

예문 이 미술관에는 ☐☐ 에 빛날 작품들이 전시되어 있다.

*이 어휘에서는 '오래'의 뜻으로 써요.

1 다음 글 안에 있는 한자의 뜻과 소리를 쓰세요.

> 그 일은 千고에 빛날 역사적 사건이다.

뜻 _____

소리 _____

2 빈칸에 들어갈 한자 어휘를 <보기>에서 찾아 차례대로 쓰세요.

보기

| 수천 | 천금 | 천막 | 천만 |

| | | 명이 넘는 사람들이 사는 도시에 지진이 나서 | | | 명이 다쳤다. |

↳ 만의 **천** 배가 되는 수의. ↳ **천**의 여러 배가 되는 수의.

3 다음 뜻을 가진 한자 어휘를 초성을 참고하여 빈칸에 쓰세요.

> 많은 돈이나 비싼 값, 귀중한 것을 비유적으로 이르는 말.

| ㅊ | ㄱ |

어휘 추론!

도움말 다른 하나는 '내 천(川)'을 써요.

4 다음 문장을 읽고 '千'이 쓰인 한자 어휘가 들어 있는 문장에 ✓ 하세요.

☐ ① 할머니 댁 근처에 있는 <u>하천</u>이 오염되었어요.

☐ ② 아침부터 계속 걸었더니 다리가 <u>천근만근</u>처럼 무거웠어요.

✦ 한자의 뜻과 소리를 읽어 보세요.

(뜻) (소리)
일만 만

* '일만'의 뜻이 있어요.
* '모든, 여러'의 뜻도 있어요.

한국은행 만 원 10000

천의 열 배가 되는 수인 만(10000)을
나타낸 글자예요.

✦ 한자 어휘를 소리 내 읽어 보고 빈칸에 한자 어휘를 쓰세요.

萬년 해 年

(뜻) **일만** 년 동안 변함없이 한결같은 상태. 오랜 세월.

(예문) ☐☐ 꼴찌였던 팀이 결승전에 나갔대.

萬능 능할 能

*이 어휘에서는 '모든'의 뜻으로 써요.

(뜻) **모든** 일을 다 능숙하게 할 수 있음, 또는 그런 것. (반) 무능

(예문) 아빠는 못하는 운동이 없는 ☐☐ 스포츠맨이에요.

萬감 느낄 感

*이 어휘에서는 '여러'의 뜻으로 써요.

(뜻) 솟아오르는 **여러** 느낌.

(예문) 엄마는 고향에 오니 ☐☐ 이 교차한다고 하셨다.

萬국기 나라 國   기 旗

*이 어휘에서는 '여러'의 뜻으로 써요.

(뜻) 세계 **여러** 나라의 국기.

(예문) 행사장에 ☐☐☐ 가 펄럭이고 있어요.

1 다음 글 안에 있는 한자의 뜻과 소리를 쓰세요.

삼촌은 무엇이든 다 잘하는 **萬**능 재주꾼이다.

뜻 _____

소리 _____

2 빈칸에 들어갈 한자 어휘를 찾아 선을 이으세요.

(1) 왕은 자신의 권력이 ☐ 동안 계속될 줄 알았다. •

(2) 이곳에 오니 어린 시절이 생각나 ☐ 이 교차하였다. •

• ㉠ 만감

• ㉡ 만년

3 밑줄 친 부분과 바꾸어 쓸 수 있는 한자 어휘에 ○ 하세요.

운동장에 세계 여러 나라의 국기가 매달려 있다.

백기 ┊ 만국기

4 다음 한자 어휘의 예문을 읽어 보고 뜻에 알맞은 말에 ○ 하세요.

만병통치

예문 어떤 병에도 다 듣는 만병통치의 약은 없다.

뜻 한 가지 처방으로 (모든 , 적은) 병을 다 고침.

✦ 한자의 뜻과 소리를 읽어 보세요.

뜻   소리
셈   산

* '셈하다, 계산하다'의 뜻이 있어요.

수를 세거나 계산하는 모습을 나타낸 글자예요.

✦ 한자 어휘를 소리 내 읽어 보고 빈칸에 한자 어휘를 쓰세요.

가 **算**
더할 加

뜻   더하여 **셈함**.   반 감산

예문   세금을 제때 내지 않으면 ☐☐ 이 될 수 있다.

算 수
셈 數

뜻   **계산하는** 방법.

예문   나는 ☐☐ 를 잘해서 복잡한 계산도 금방 한다.

예 **算**
미리 豫

뜻   필요한 비용을 미리 **계산함**, 또는 그 비용.

예문   여행에 필요한 ☐☐ 을 짜고 있어요.

승 **算**
이길 勝

뜻   이길 가능성, 또는 그것에 대하여 속으로 하는 **계산**.

예문   이번 경기는 우리 팀에게 ☐☐ 이 없어 보인다.

1 다음 글 안에 있는 한자의 뜻과 소리를 쓰세요.

 **算**수를 잘 알지 못해서 한참을 고민했어요.

뜻 ＿＿＿＿＿＿＿＿

소리 ＿＿＿＿＿＿＿＿

2 빈칸에 들어갈 한자 어휘를 <보기>에서 찾아 쓰세요.

보기

| 승부 | 승산 | 예방 | 예산 |

(1) 돈이 얼마나 필요한지 (　　　　　　)을/를 짜 보았다.

(2) 이순신 장군은 (　　　　　　)이/가 없는 전투에서도 결국 이겼다.

3 밑줄 친 부분의 뜻을 가진 한자 어휘에 ○ 하세요.

발표를 잘하는 학생들에게 특별히 점수를 더하여 셈해 주기로 했다.

| 가산 | 가속 |

4 다음 한자 어휘 중 '算'이 쓰인 것에 ✔ 하세요.

☐ ① 오산 ➡ 잘못 계산함, 또는 잘못된 계산.

☐ ② 등산 ➡ 운동이나 놀이 등의 목적으로 산에 올라감.

월   일

✦ 한자의 뜻과 소리를 읽어 보세요.

뜻 │ 소리

셈 수

* '세다, 수'의 뜻이 있어요.

사물을 세는 모습이나 사물을 센 값을 나타낸 글자예요.

✦ 한자 어휘를 소리 내 읽어 보고 빈칸에 한자 어휘를 쓰세요.

무 **數**
없을 無

> 뜻 **셀** 수 없음.

> 예문 하늘에 [　][　]히 많은 별들이 떠 있어요.

數 학
배울 學

> 뜻 **수**와 양에 관한 학문.

> 예문 [　][　] 시간에 평면 도형에 대해 배웠다.

개 **數**
낱 個

> 뜻 하나씩 세는 물건의 **수**. 🔵 수효

> 예문 필통 안에 있는 연필의 [　][　]는 열 자루예요.

다 **數** 결
많을 多   결단할 決

> 뜻 많은 **수**의 사람이 찬성하는 의견에 따라 결정을 내리는 일.

> 예문 짝을 어떻게 바꿀지 [　][　][　]로 결정해요.

1 다음 글 안에 있는 한자의 뜻과 소리를 쓰세요.

 삼촌이 보고 있는 책에 복잡한 **數**학 기호들이 있었어요.

뜻 _____

소리 _____

2 빈칸에 들어갈 한자 어휘를 찾아 선을 이으세요.

(1) 과자의 [ ]는 모두 세 개예요.   •   • ㉠ 개수

(2) 지금까지 위험한 상황을 [ ]히 겪었어요.   •   • ㉡ 무수

3 밑줄 친 부분의 뜻을 가진 한자 어휘에 ○ 하세요.

회의 주제는 <u>많은 사람이 찬성한 의견에 따라 결정</u>이 되었다. | 연결 ┊ 다수결

도움말 다른 하나는 '줄 수(授)'를 써요.

4 다음 대화를 읽고 '數'가 쓰인 한자 어휘를 찾아 번호를 쓰세요.   (   )

서진: 선생님, ①<u>분수</u>는 너무 어려운 것 같아요.

선생님: ②<u>수업</u> 시간에 집중하면 쉽게 이해할 수 있을 거예요.

1 다음 글 안에 있는 한자의 뜻과 소리를 쓰세요.

> 아빠와 자전거를 타고 집에 오니 다리가 **千**근만근 같이 무거웠다. 힘들었지만 엄마의 생신 선물을 사기 위해 할머니께 받은 용돈 **萬** 원을 들고 **百**화점에 갔다. 그 후에는 아빠와 **算**수 공부를 했다. 아빠께서 분**數**의 덧셈에 대해 가르쳐 주셨다. 참 많은 일을 한 날이었다.

(1) 千　(　　　　　　　　　)　　(2) 萬　(　　　　　　　　　)

(3) 百　(　　　　　　　　　)　　(4) 算　(　　　　　　　　　)

(5) 數　(　　　　　　　　　)

2 <보기>의 글자 카드에서 알맞은 글자를 찾아 한자 어휘를 완성하세요.

보기

| 만 | 백 | 산 | 수 | 천 |

(1) 이 문제는 ┌─┬─┬─┐ 다 │ │ 결 │ 을 통해 결정하겠습니다.

↳ 많은 **수**의 사람이 찬성하는 의견에 따라 결정을 내리는 일.

(2) 아빠는 내가 │ │ 금 │ 보다 귀하다고 말씀하셨어요.

↳ **많은** 돈이나 비싼 값, 귀중한 것을 비유적으로 이르는 말.

(3) │ 예 │ │ 을/를 세운 뒤에 돈을 쓰면 낭비를 막을 수 있어요.

↳ 필요한 비용을 미리 **계산함**, 또는 그 비용.

(4) 어제는 엄마가 나의 아기 때의 모습이라면서 │ │ 일 │ 사진을 보여 주셨다.

↳ 아이가 태어난 날로부터 **백** 번째 되는 날.

3 다음 뜻과 예문에 맞는 한자 어휘를 초성을 참고하여 쓰세요.

(1)

ㅁ	ㄱ	ㄱ

뜻 세계 **여러** 나라의 국기.

예문 운동장에 ○○○가 휘날리고 있다.

(2)

ㄱ	ㅅ

뜻 하나씩 세는 물건의 **수**.

예문 공책이 몇 권 남았는지 ○○를 세어 봐.

(3)

ㅂ	ㅂ

뜻 **여러** 번 거듭.

예문 ○○ 생각해도 내가 잘못한 걸 모르겠다.

4 빈칸에 들어갈 한자 어휘를 <보기>에서 찾아 쓰세요.

> 보기
>
> 만감   만능   승산   예산

(1) 아빠는 어느 요리에나 쓸 수 있는 (   ) 간장을 만드셨어요.

(2) 우리 편이 이길 (   )은 낮지만 최선을 다해 한번 싸워 보자!

(3) 그동안 정들었던 동네를 떠난다는 사실에 (   )이 교차되었다.

5 다음 글을 읽고 밑줄 친 한자 어휘 중 '數'가 쓰인 것을 찾아 쓰세요.

> 무더위가 계속되면서 <u>무수히</u> 많은 사람들이 해수욕을 즐기고 있습니다. 야외 <u>수영장</u>도 사람들로 가득합니다. 이렇게 더운 날에는 <u>수분</u>을 충분히 섭취해 주는 것이 건강에 좋습니다.

(   )

02 자연·4

지난주의 한자 배운 한자를 떠올리며 빈칸에 뜻과 소리를 쓰세요.

百	千	萬	算	數
___	___	___	___	___

월   일

✦ 한자의 뜻과 소리를 읽어 보세요.

뜻   소리
바람 풍

* '바람'의 뜻이 있어요.
* '바람을 쐬다, 풍속'의 뜻도 있어요.

바람이 부는 모습을 나타낸 글자예요.

✦ 한자 어휘를 소리 내 읽어 보고 빈칸에 한자 어휘를 쓰세요.

수레 車

| 뜻 | **바람**의 힘으로 날개를 회전시켜 생기는 힘을 이용하는 장치. |
| 예문 | ☐☐ 는 바람이 불 때 에너지를 만든다. |

향할 向

| 뜻 | **바람**이 불어오는 방향. |
| 예문 | 계절에 따라 ☐☐ 이 달라져요. |

노닐 遊

* 이 어휘에서는 '바람을 쐬다'의 뜻으로 써요.

| 뜻 | 경치를 즐기거나 놀이를 하기 위해 **바람을 쐬고** 오는 일. |
| 예문 | 봄을 맞이해 가족과 ☐☐ 을 다녀왔어요. |

익힐 習

* 이 어휘에서는 '풍속'의 뜻으로 써요.

| 뜻 | **풍속**과 습관. |
| 예문 | 우리나라는 추석에 송편을 먹는 ☐☐ 이 있어요. |

1 다음 글 안에 있는 한자의 뜻과 소리를 쓰세요.

바람이 불자 **風**차의 날개가 돌기 시작했습니다.

뜻 _____

소리 _____

2 다음 문장에 알맞은 한자 어휘에 ○ 하세요.

(1) 비가 와서 (소식 , 소풍)을 못 가게 되었다.

(2) 각 나라마다 결혼에 대한 (복습 , 풍습)이 다르다.

3 밑줄 친 부분과 바꾸어 쓸 수 있는 한자 어휘에 ○ 하세요.

<u>바람이 불어오는 방향</u>이 반대로 바뀌면서 불길이 점점 더 크게 번졌습니다.

성향
- - - - -
풍향

어휘 추론!

도움말 다른 하나는 '풍년 풍(豊)'을 써요.

4 다음 문장을 읽고 '風'이 쓰인 한자 어휘가 들어 있는 문장에 ✓ 하세요.

☐ ① 배가 거센 <u>풍랑</u>을 만나 심하게 흔들렸다.

☐ ② 비가 적당히 와서 올해 농사는 <u>풍작</u>을 이룰 것 같다.

✦ 한자의 뜻과 소리를 읽어 보세요.

뜻 소리

눈 설

* '눈'의 뜻이 있어요.
* '씻다'의 뜻도 있어요.

하늘에서 내리는 눈의 모습을 나타낸 글자예요.

✦ 한자 어휘를 소리 내 읽어 보고 빈칸에 한자 어휘를 쓰세요.

雪 경
볕 景

뜻 **눈**이 내리거나 **눈**이 쌓인 경치.

예문 한라산 ☐☐ 이 정말 아름다워요.

대 雪
큰 大

뜻 아주 많이 오는 **눈**.

예문 ☐☐ 로 인해 교통 혼잡이 예상됩니다.

폭 雪
사나울 暴

뜻 갑자기 많이 내리는 **눈**.

예문 ☐☐ 로 길이 막혔어요.

雪 욕
욕될 辱

뜻 부끄러움을 **씻음**.

예문 이번 대회에 다시 도전하며 ☐☐ 을 다짐하였다.

*이 어휘에서는 '씻다'의 뜻으로 써요.

1 다음 글 안에 있는 한자의 뜻과 소리를 쓰세요.

온 세상을 하얗게 덮은 **雪**경이 무척 아름답다.

뜻 ＿＿＿＿＿＿＿＿＿

소리 ＿＿＿＿＿＿＿＿＿

2 빈칸에 공통으로 들어갈 한자 어휘에 ○ 하세요.

- 산골 마을에 [＿＿＿]이 내려 길이 끊겼다고 해.
- 오늘은 [＿＿＿] 주의보가 내려졌으니 빨리 집에 오너라.

대설
- - - - - - -
전설

3 다음 한자 어휘의 알맞은 뜻에 ○ 하세요.

(1) | 설욕 | 부끄러움을 (씻음 , 떠올림).

(2) | 폭설 | 갑자기 많이 내리는 (눈 , 비).

도움말 다른 하나는 '말씀 설(說)'을 써요.

4 다음 문장을 읽고 '雪'이 쓰인 한자 어휘가 들어 있는 문장에 ✓ 하세요.

[ ] ① 밤새 내린 눈으로 도로 곳곳에서 <u>제설</u> 작업이 한창이다.

[ ] ② 선생님께서 자세히 <u>설명</u>해 주셔서 금방 이해할 수 있었어요.

월   일

✦ 한자의 뜻과 소리를 읽어 보세요.

(뜻) (소리)
돌 석

* '돌'의 뜻이 있어요.

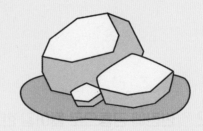

언덕 아래에 있는 돌의 모습을 본뜬 글 자예요.

✦ 한자 어휘를 소리 내 읽어 보고 빈칸에 한자 어휘를 쓰세요.

石 공
장인 工

뜻 **돌**로 물건을 만드는 사람.

예문 ☐☐ 이 돌을 다듬어 돌탑을 만들었어요.

石 기
그릇 器

뜻 주로 원시인이 쓰던, **돌**로 만든 여러 가지 생활 도구.

예문 원시인들은 ☐☐ 를 만들어 사용하였다.

石 탑
탑 塔

뜻 **돌**을 이용하여 쌓은 탑.   돌탑

예문 이 5층 ☐☐ 은 신라 시대 유물이다.

화 石
될 化

뜻 생물의 뼈, 흔적 등이 땅속에 묻혀 **돌**처럼 굳은 것.

예문 이건 공룡의 ☐☐ 이야.

---

1 다음 글 안에 있는 한자의 뜻과 소리를 쓰세요.

공룡 화**石**을 연구하는 학자가 될 거야!

(뜻) _____

(소리) _____

2 빈칸에 들어갈 한자 어휘를 초성을 참고하여 쓰세요.

옛날 사람들이 돌로 만든 생활 도구 중에서 접시, 도끼, 사냥 도구 등의 ⬜이/가 발굴되었다.

ㅅ	ㄱ

3 밑줄 친 부분과 바꾸어 쓸 수 있는 한자 어휘에 ○ 하세요.

유건: 저 탑을 보니 ①돌로 물건을 만든 사람의 정성이 느껴져.

지윤: 아, 저 ②돌로 만든 탑 말이지? 정말 아름다워.

① 사공 ┊ 석공

② 목탑 ┊ 석탑

4 다음 한자 어휘 중 '石'이 쓰인 것에 ✓ 하세요.

⬜ ① 석양 ➡ 저녁때의 햇빛, 또는 저녁때의 지는 해.

⬜ ② 석상 ➡ 돌을 조각하여 만든 사람이나 동물의 모양.

월   일

✦ 한자의 뜻과 소리를 읽어 보세요.

뜻   소리
풀 초

* '풀'의 뜻이 있어요.

풀(++)이 자라는 모습을 나타낸 글자예요.

✦ 한자 어휘를 소리 내 읽어 보고 빈칸에 한자 어휘를 쓰세요.

약 藥

뜻   약으로 쓰는 **풀**.

예문   편찮으신 어머니를 위해 산에서 [   ][   ]를 캤다.

바다 海

뜻   바다에서 나는 **풀**들을 아울러 이르는 말.

예문   [   ][   ]에는 미역, 다시마 등이 있어요.

언덕 原

뜻   **풀**이 나 있는 들판.   비 풀밭

예문   말이 드넓은 [   ][   ]을 달리고 있어요.

밥/먹을 食

뜻   주로 **풀**이나 채소, 나물만 먹고 삶. 또는 그 풀이나 채소, 나물.

예문   소는 풀을 먹고 사는 [   ][   ] 동물이에요.

1 다음 글 안에 있는 한자의 뜻과 소리를 쓰세요.

약**草**를 달여 만든 한약을 먹었다.

뜻 _____

소리 _____

2 빈칸에 들어갈 한자 어휘를 글자 카드에서 찾아 만들어 쓰세요.

미역, 김 같은 (　　　　　)에는 몸에 좋은 영양소가 많이 들어 있어요.

원　초　해

3 밑줄 친 부분의 뜻을 가진 한자 어휘를 찾아 선을 이으세요.

(1) 풀이 나 있는 들판에 코끼리 떼가 있어요.　　　　•　　•㉠ 초식

(2) 토끼는 풀을 먹고 사는 동물 중 하나예요.　　　　•　　•㉡ 초원

어휘 추론!

도움말 다른 하나는 '부를 초(招)'를 써요.

4 다음 문장을 읽고 '草'가 쓰인 한자 어휘가 들어 있는 문장에 ✓ 하세요.

☐ ① 내 생일에 친구들을 집으로 초대할 거예요.

☐ ② 가축에게 먹일 목초가 많은 곳을 찾아 이동하였다.

✦ 한자의 뜻과 소리를 읽어 보세요.

뜻   소리

꽃 화

*'꽃'의 뜻이 있어요.

풀(艹)이 자라서 꽃이 되는 모습을 나타낸 글자예요.

✦ 한자 어휘를 소리 내 읽어 보고 빈칸에 한자 어휘를 쓰세요.

花 초
풀 草

뜻 **꽃**이 피는 풀과 나무, 또는 두고 보면서 즐기는 모든 식물.

예문 나는 주말마다 우리 집 ☐☐ 에 물을 줘요.

花 단
단 壇

뜻 **꽃**을 심기 위해 흙을 약간 높게 하여 만든 꽃밭. 🔵 꽃밭

예문 마당 한쪽에 있는 ☐☐ 에 꽃을 심었다.

개 花
열 開

뜻 풀이나 나무의 **꽃**이 핌.

예문 개나리의 ☐☐ 시기는 보통 3월이다.

낙 花
떨어질 落

뜻 **꽃**이 떨어짐, 또는 떨어진 **꽃**.

예문 ☐☐ 를 하는 벚꽃을 바라보았다.

---

1 다음 글 안에 있는 한자의 뜻과 소리를 쓰세요.

엄마는 베란다에서 **花**초 키우는 것을 좋아하신다.

뜻 _____

소리 _____

2 빈칸에 들어갈 한자 어휘에 ○ 하세요.

▢에 꽃들이 활짝 피어 있네.

집단 ┆ 화단

3 밑줄 친 부분의 뜻을 가진 한자 어휘를 찾아 선을 이으세요.

(1) 비가 오고 바람이 불어서 <u>꽃이 떨어졌다</u>. • • ㉠ 개화

(2) 지구 온난화로 <u>꽃이 피는</u> 시기가 빨라지고 있다. • • ㉡ 낙화

어휘추론!

도움말 다른 하나는 '말씀 화(話)'를 써요.

4 다음 대화를 읽고 '花'가 쓰인 한자 어휘를 찾아 번호를 쓰세요. ( )

아빠: 지현아, 이 ①화분 어디에 놓을까?

지현: ②전화기 옆에 놓으면 좋을 것 같아요.

1 다음 글 안에 있는 한자의 뜻과 소리를 쓰세요.

> 오늘 가족과 함께 강원도 평창에 있는 월정사라는 절에 갔다. 가는 길에 힘차게 돌고 있는 **風**차도 보았다. 가끔씩 보이는 **雪**경은 진짜 멋있었다. 월정사에 도착한 우리는 팔각구층 **石**탑과 여러 가지 문화재들을 보았다. 그리고 내려오는 길에 카페에 들렀다. 카페 안에는 잘 가꾸어진 **花草**들이 많았다.

(1) 風 (　　　　　　　)　　(2) 雪 (　　　　　　　　)

(3) 石 (　　　　　　　)　　(4) 花 (　　　　　　　　)

(5) 草 (　　　　　　　)

2 다음 뜻과 예문에 맞는 한자 어휘를 글자판에서 찾아 묶으세요.

① **뜻** 바다에서 나는 풀들을 아울러 이르는 말.
　예문 바닷물에 ○○가 떠다녀요.

② **뜻** 꽃이 떨어짐, 또는 떨어진 꽃.
　예문 벚꽃이 ○○하는 모습이 눈이 내리는 것 같다.

③ **뜻** 경치를 즐기거나 놀이를 하기 위해 **바람을 쐬고** 오는 일.
　예문 내일은 동물원으로 ○○을 간다.

④ **뜻** 아주 많이 오는 **눈**.
　예문 갑작스러운 ○○로 고속 도로가 계속 정체되고 있다.

습	지	대	설
천	경	소	비
해	고	풍	밀
초	낙	화	남

3 뜻풀이에 맞는 한자 어휘를 찾아 선을 이으세요.

(1) 풍속과 습관. •

(2) 약으로 쓰는 풀. •

(3) 갑자기 많이 내리는 눈. •

(4) 돌로 물건을 만드는 사람. •

• ㉠ 석공

• ㉡ 약초

• ㉢ 폭설

• ㉣ 풍습

4 빈칸에 들어갈 한자 어휘를 <보기>에서 찾아 쓰세요.

> 보기
>
> 개화　　　　설욕　　　　초식　　　　화석

(1) 활짝 (　　　　　)한 목련을 보니 봄이 온 것 같은 느낌이 든다.

(2) 육식보다는 (　　　　　) 위주의 식생활을 하면 건강해진다고 해.

(3) 드디어 상대 팀을 이기며 우승과 함께 (　　　　　)의 기쁨을 맛보았다.

5 다음 글을 읽고 밑줄 친 한자 어휘 중 '草'가 쓰이지 않은 것을 찾아 쓰세요.

> 지구에서 가장 크고 무거운 새인 타조는 초록색 풀이 가득한 초원에 살아요. 타조는 키가 2미터가 넘고, 몸무게는 100킬로그램을 초과해요.

(　　　　　)

03 자연·5

월   일

✦ 한자의 뜻과 소리를 읽어 보세요.

(뜻) (소리)

봄 춘

* '봄'의 뜻이 있어요.
* '젊은 때'의 뜻도 있어요.

햇볕(日)을 받으며 자라는 새싹을 표현한 글자로, 봄을 나타내요.

✦ 한자 어휘를 소리 내 읽어 보고 빈칸에 한자 어휘를 쓰세요.

春 풍
바람 風

뜻 **봄**에 불어오는 바람.   비 봄바람

예문 3월이 되니까 ☐☐ 이 부는구나.

春 산
메 山

뜻 **봄**철의 산.

예문 개나리와 진달래가 핀 ☐☐ 이 아름다워요.

春 곤 증
곤할 困 증세 症

뜻 **봄**철에 몸에 기운이 없고 피로를 쉽게 느끼는 증상.

예문 ☐☐☐ 을 이기려면 체조를 해 보자.

청 春
푸를 靑

뜻 인생의 **젊은 때**를 이르는 말.

예문 엄마는 사진을 들여다보며 ☐☐ 시절을 떠올리셨다.

* 이 어휘에서는 '젊은 때'의 뜻으로 써요.

1 다음 글 안에 있는 한자의 뜻과 소리를 쓰세요.

일제 강점기 때 우리나라의 독립을 위해 청**春**을 바친 사람들이 수없이 많다.

뜻 _____

소리 _____

2 빈칸에 들어갈 한자 어휘를 글자 카드에서 찾아 만들어 쓰세요.

(   ) 때문인지 하루 종일
피곤했어요.

| 곤 | 증 | 춘 | 풍 |

3 밑줄 친 부분의 뜻을 가진 한자 어휘에 ○ 하세요.

(1) <u>봄철</u>의 산은 파릇파릇해요.

| 등산 | 춘산 |

(2) <u>봄바람</u>을 맞으니 기분이 상쾌해요.

| 춘풍 | 태풍 |

4 다음 한자 어휘의 예문을 읽어 보고 뜻에 알맞은 말에 ○ 하세요.

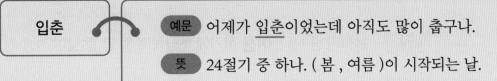

입춘

예문 어제가 <u>입춘</u>이었는데 아직도 많이 춥구나.

뜻 24절기 중 하나. (봄 , 여름)이 시작되는 날.

✦ 한자의 뜻과 소리를 읽어 보세요.

뜻   소리
여름 하

＊'여름'의 뜻이 있어요.

땀이 나는 무더운 여름을 나타낸 글자
예요.

✦ 한자 어휘를 소리 내 읽어 보고 빈칸에 한자 어휘를 쓰세요.

夏 **복**
옷 服

> 뜻   **여름**철에 입는 옷.   반 동복
>
> 예문   학교 체육복을 ☐☐ 으로 바꿔 입었어요.

夏 **계**
계절 季

> 뜻   **여름**의 시기.
>
> 예문   7월에 ☐☐ 훈련이 시작돼요.

입 夏
설 立

> 뜻   24절기 중 하나. **여름**이 시작되는 날.
>
> 예문   ☐☐ 가 지나고 어느덧 무더위가 찾아왔다.

夏 **지**
이를 至

> 뜻   24절기 중 하나. **여름** 절기에 해당하며 일 년 중 낮이 가장 긴 날.
>
> 예문   오늘이 ☐☐ 라서 그런지 저녁 7시인데도 밝아요.

1 다음 글 안에 있는 한자의 뜻과 소리를 쓰세요.

> 夏복을 입기에는 아직 날씨가 쌀쌀해요.

뜻 _____

소리 _____

2 빈칸에 들어갈 한자 어휘를 찾아 선을 이으세요.

(1) 날씨가 더워져 [   ]을/를 꺼내 입었다.   •

(2) 공항이 [   ] 휴가를 떠나는 사람들로 붐벼요.   •

• ㉠ 하계

• ㉡ 하복

3 다음 한자 어휘의 알맞은 뜻에 ○ 하세요.

(1) **입하** 24절기 중 하나. (봄 , 여름)이 시작되는 날.

(2) **하지** 24절기 중 하나. 여름 절기에 해당하며 일 년 중 낮이 가장 (긴 , 짧은) 날.

어휘 추론!

도움말 다른 하나는 '아래 하(下)'를 써요.

4 다음 문장을 읽고 '夏'가 쓰인 한자 어휘가 들어 있는 문장에 ✓ 하세요.

[   ] ① 하교한 뒤에 친구와 놀기로 했어요.

[   ] ② 하절기를 대비하여 에어컨을 새로 샀어요.

✦ 한자의 뜻과 소리를 읽어 보세요.

뜻   소리

가을 추

＊'가을'의 뜻이 있어요.

단풍이 붉게 물드는 가을을 나타낸 글자예요.

✦ 한자 어휘를 소리 내 읽어 보고 빈칸에 한자 어휘를 쓰세요.

秋 수
거둘 收

뜻 **가을**에 익은 곡식을 거두어들임. 비 가을걷이

예문 ☐☐ 가 끝난 농촌은 한가로워요.

입 秋
설 立

뜻 24절기 중 하나. **가을**이 시작되는 날.

예문 ☐☐ 가 지났는데도 너무 더워요.

秋 석
저녁 夕

뜻 우리나라 명절 중 하나. **가을**의 한가운데 날인 음력 팔월 보름을 말함.

예문 ☐☐ 에 할머니 댁에 가려고 기차표를 예매했어요.

秋 곡
곡식 穀

뜻 **가을**에 거두는 곡식.

예문 가을에 추수가 끝나면 정부에서 ☐☐ 을 사들여요.

1 다음 글 안에 있는 한자의 뜻과 소리를 쓰세요.

풍성한 **秋**석 연휴 보내세요.

뜻 _____

소리 _____

2 빈칸에 들어갈 한자 어휘에 ○ 하세요.

(1) 올해는 [ ] 생산량이 작년보다 못하다.

추격 | 추곡

(2) 벼가 익은 것을 보니 [ ]할 때가 된 것 같다.

추수 | 흡수

3 다음 뜻을 가진 한자 어휘를 초성을 참고하여 빈칸에 쓰세요.

(1) 가을에 익은 곡식을 거두어들임.

ㅊ ㅅ

(2) 24절기 중 하나. 가을이 시작되는 날.

ㅇ ㅊ

어휘 추론!

도움말 다른 하나는 '쫓을 추(追)'를 써요.

4 다음 문장을 읽고 '秋'가 쓰인 한자 어휘가 들어 있는 문장에 ✓ 하세요.

[ ] ① 중학생인 오빠는 내일부터 <u>춘추복</u>을 입는대요.

[ ] ② 주문했던 메뉴에 떡볶이 1인분을 <u>추가</u>해서 먹었다.

✦ 한자의 뜻과 소리를 읽어 보세요.

뜻   소리
겨울 동

*'겨울'의 뜻이 있어요.

얼음(冫)이 어는 겨울을 나타낸 글자예요.

✦ 한자 어휘를 소리 내 읽어 보고 빈칸에 한자 어휘를 쓰세요.

 계
계절 季

뜻 **겨울**의 시기.

예문 스키는 ☐☐ 스포츠 종목 중 하나이다.

 면
잘 眠

뜻 생물이 **겨울** 동안 잠자는 것처럼 활동을 멈춘 현상. 🖐 겨울잠

예문 겨울이 되면 박쥐는 ☐☐을 해요.

월
넘을 越

뜻 **겨울**을 남.

예문 다람쥐는 열매를 저장하며 ☐☐ 준비를 해요.

 지
이를 至

뜻 24절기 중 하나. **겨울** 절기에 해당하며 일 년 중 밤이 가장 긴 날.

예문 오늘은 팥죽을 먹는 ☐☐입니다.

1 다음 글 안에 있는 한자의 뜻과 소리를 쓰세요.

선수들이 **冬**계 훈련을 떠났다.

뜻 _____

소리 _____

2 퀴즈를 읽고 알맞은 답을 쓰세요.

'이날'을 뭐라고 부를까요?

힌트 1. '이날'은 겨울 절기에 해당하며 팥죽을 먹어요.
힌트 2. '이날'은 일 년 중 밤이 가장 긴 날이에요.

3 밑줄 친 부분의 뜻을 가진 한자 어휘를 찾아 선을 이으세요.

(1) 철새들은 <u>겨울을 나기</u> 위해 남쪽으로 날아가요. •

• ㉠ 동면

(2) 뱀과 개구리는 겨울이 되면 땅속에서 <u>겨울잠</u>을 자요. •

• ㉡ 월동

어휘 추론!

4 다음 한자 어휘 중 '冬'이 쓰인 것에 ✔ 하세요.

[ ] ① 춘하추동 ➜ 봄, 여름, 가을, 겨울의 네 계절.

[ ] ② 해동 ➜ 얼었던 것이 녹아서 풀림, 또는 그렇게 하게 함.

✦ 한자의 뜻과 소리를 읽어 보세요.

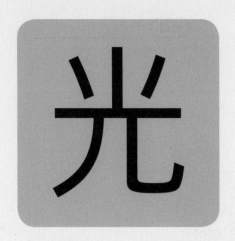

뜻 소리

빛 광

* '빛'의 뜻이 있어요.

사람의 머리 위에 빛이 비치는 모습을
나타낸 글자예요.

✦ 한자 어휘를 소리 내 읽어 보고 빈칸에 한자 어휘를 쓰세요.

光 명
밝을 明

뜻 밝고 환함, 또는 밝은 미래나 희망을 상징하는 밝고 환한 **빛**.

예문 ☐☐ 한 아침 해가 온 세상을 비추었어요.

光 택
못 澤

뜻 표면이 매끄러운 물체에서 반사되는 반짝이는 **빛**.

예문 구두를 닦으니 반짝반짝 ☐☐ 이 났다.

영 光
영화 榮

뜻 **빛**이 날 만큼 아름답고 자랑스러운 명예.

예문 존경하는 분을 만나 뵙게 되어 ☐☐ 입니다.

光 합 성
합할 合   이룰 成

뜻 식물이 **빛** 에너지를 이용하여 영양분을 만들어 내는
과정.

예문 과학 시간에 ☐☐☐ 작용을 배웠다.

1 다음 글 안에 있는 한자의 뜻과 소리를 쓰세요.

식물은 빛이 없으면 **光**합성을 하지 못해요.

뜻 _____

소리 _____

2 빈칸에 들어갈 한자 어휘에 ○ 하세요.

(1) 은그릇을 닦았더니 [ ]이 났다.

| 광택 | 선택 |

(2) 전쟁이 끝나고 새로운 [ ]의 시대가 열렸다.

| 광명 | 설명 |

3 다음 한자 어휘의 알맞은 뜻에 ○ 하세요.

(1) 영광 (끝 , 빛)이 날 만큼 아름답고 자랑스러운 명예.

(2) 광합성 식물이 (물 , 빛) 에너지를 이용하여 영양분을 만들어 내는 과정.

어휘 추론!

도움말 다른 하나는 '넓을 광(廣)'을 써요.

4 다음 문장을 읽고 '光'이 쓰인 한자 어휘가 들어 있는 문장에 ✓ 하세요.

[ ] ① 빛의 빠르기를 '<u>광속</u>'이라고 합니다.

[ ] ② 시청 앞 <u>광장</u>에서 행사를 하오니 많은 참여 부탁드립니다.

1 다음 글 안에 있는 한자의 뜻과 소리를 쓰세요.

> 우리나라는 춘하추**冬**이 뚜렷해서 계절마다 생활 모습이 달라요. 입**春**이 지나고 봄이 오면 야외로 나들이를 가요. 날씨가 더운 **夏**절기에는 계곡에 발을 담그거나 해변에서 일**光**욕을 즐겨요. 선선한 가을이 오면 춘**秋**복을 입고 단풍 구경을 가요. 추운 겨울에는 스키와 같은 스포츠를 즐겨요.

(1) 冬 (   )   (2) 春 (   )

(3) 夏 (   )   (4) 光 (   )

(5) 秋 (   )

2 <보기>의 글자 카드에서 알맞은 글자를 찾아 한자 어휘를 완성하세요.

> 보기
>
> 광   동   추   춘   하

(1) 곰은 겨울을 나기 위해 굴속에서 [| 면] 을 한다.

  ↳ 생물이 **겨울** 동안 잠자는 것처럼 활동을 멈춘 현상.

(2) [| 석] 에 송편도 빚고 할아버지 산소에 성묘도 갔어요.

  ↳ 우리나라 명절 중 하나. **가을**의 한가운데 날인 음력 팔월 보름을 말함.

(3) 대상을 받은 배우는 수상의 [영 |] 을/를 가족에게 돌렸다.

  ↳ **빛**이 날 만큼 아름답고 자랑스러운 명예.

3 다음 뜻과 예문에 맞는 한자 어휘를 초성을 참고하여 쓰세요.

(1) | ㅊ | ㄱ | ㅈ |

　　뜻 봄철에 몸에 기운이 없고 피로를 쉽게 느끼는 증상.
　　예문 적당한 운동을 하면 ○○○을 이겨 낼 수 있어요.

(2) | ㅎ | ㅂ |

　　뜻 **여름**철에 입는 옷.
　　예문 날씨가 더워져서 다음 주부터 ○○을 입고 등교한다.

(3) | ㄱ | ㅌ |

　　뜻 표면이 매끄러운 물체에서 반사되는 반짝이는 **빛**.
　　예문 차를 걸레로 닦으니 ○○이 나는 것 같다.

4 가로 열쇠, 세로 열쇠를 풀어 낱말 퍼즐을 완성하세요.

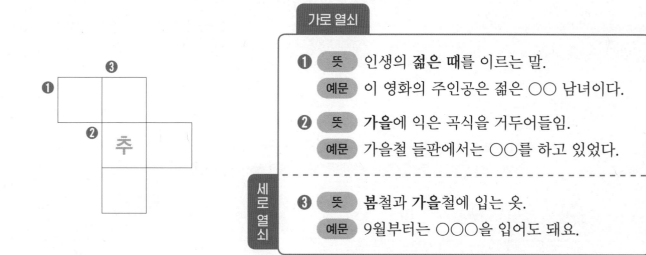

가로 열쇠

❶ **뜻** 인생의 **젊은 때**를 이르는 말.
　 예문 이 영화의 주인공은 젊은 ○○ 남녀이다.

❷ **뜻** **가을**에 익은 곡식을 거두어들임.
　 예문 가을철 들판에서는 ○○를 하고 있었다.

세로 열쇠

❸ **뜻** **봄**철과 **가을**철에 입는 옷.
　 예문 9월부터는 ○○○을 입어도 돼요.

5 한자 어휘의 뜻을 읽어 보고 빈칸에 공통으로 들어갈 글자를 쓰세요.

- ☐속: 진공 상태에서 **빛**이 나아가는 속도.
- ☐명: 밝고 환함, 또는 밝은 미래나 희망을 상징하는 밝고 환한 **빛**.
- ☐합성: 식물이 **빛** 에너지를 이용하여 영양분을 만들어 내는 과정.

(　　　)

04 집

✦ 한자의 뜻과 소리를 읽어 보세요.

뜻 소리

집 가

* '집'의 뜻이 있어요.
* '집안'의 뜻도 있어요.

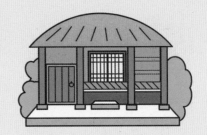

가축(豕)을 키우던 집(宀)을 나타낸 글자예요.

✦ 한자 어휘를 소리 내 읽어 보고 빈칸에 한자 어휘를 쓰세요.

家 족
겨레 族

뜻 주로 한 **집**에 모여 살고 부모, 자식 등의 관계로 이루어진 집단.

예문 우리 [ ][ ]은 엄마, 나 그리고 오빠이다.

家 축
짐승 畜

뜻 사람이 생활에 도움을 얻으려고 **집**에서 기르는 짐승.

예문 우리 안에 있는 [ ][ ]들에게 먹이를 주었다.

家 훈
가르칠 訓

뜻 한 **집안**의 자손들에게 일러 주는 가르침.

예문 우리 집 [ ][ ]은 '정직하자.'이다.

* 이 어휘에서는 '집안'의 뜻으로 써요.

家 업
업 業

뜻 한 **집안**에서 대대로 이어서 하는 사업.

예문 아버지는 [ ][ ]을 이어 받아 빵집을 하세요.

* 이 어휘에서는 '집안'의 뜻으로 써요.

1 다음 글 안에 있는 한자의 뜻과 소리를 쓰세요.

우리 집 거실에는 **家**족사진이 걸려 있어요.

뜻 _____

소리 _____

2 빈칸에 들어갈 한자 어휘를 글자 카드에서 찾아 만들어 쓰세요.

삼 형제는 아버지로부터 (   )을/를 물려받아 식당을 운영하기로 했다.

가   훈   업

3 밑줄 친 부분의 뜻을 가진 한자 어휘에 ○ 하세요.

(1) 우리 <u>집안의 가르침</u>은 '즐겁게 살자.'이다.

가훈 ┊ 급훈

(2) <u>집에서 기르는 짐승</u>에는 소, 돼지, 닭 등이 있어요.

가축 ┊ 건축

어휘 추론!

도움말 다른 하나는 '더할 가(加)'를 써요.

4 다음 대화를 읽고 '家'가 쓰인 한자 어휘를 찾아 번호를 쓰세요. (   )

아빠: 소영아, ①<u>귀가</u> 시간이 늦었구나.

소영: 네, 아빠. 합창 대회에 ②<u>참가</u>하느라 늦었어요.

✦ 한자의 뜻과 소리를 읽어 보세요.

뜻   소리

집   실

*'집, 방, 곳'의 뜻이 있어요.

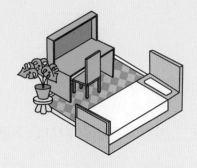

집(宀)이나 집 안에 있는 방을 나타낸 글자예요.

✦ 한자 어휘를 소리 내 읽어 보고 빈칸에 한자 어휘를 쓰세요.

室 내
안 內

뜻   **방**이나 건물 등의 안.   반 야외

예문   비가 와서 [   ][   ] 놀이터에서 놀았다.

병 室
병 病

뜻   병을 치료하기 위하여 환자가 거처하는 **방**.

예문   수술이 끝난 환자를 [   ][   ] 로 옮겼어요.

입 室
들 入

뜻   건물 안의 **방**이나 교실, 병실 등에 들어감.   반 퇴실

예문   시험장 [   ][   ] 시간은 오전 9시예요.

거 室
살 居

뜻   가족이 날마다 모여서 생활하는 **곳**.

예문   밥을 먹고 가족 모두 [   ][   ] 에 모였어요.

1 다음 글 안에 있는 한자의 뜻과 소리를 쓰세요.

텔레비전을 보기 위해 거**室**로 나왔다.

뜻 _____

소리 _____

2 빈칸에 공통으로 들어갈 한자 어휘에 ○ 하세요.

• 날씨가 추우니까 화분을 [ ]에 들여놓자.

• 동네에 [ ] 수영장이 생겨서 비 오는 날에도 이용할 수 있다.

실내
╌╌╌╌╌
체내

3 밑줄 친 부분의 뜻을 가진 한자 어휘에 ○ 하세요.

(1) 환자들이 지내는 방은 이 건물의 2층부터 10층까지입니다.

병세 ┊ 병실

(2) 호텔에 도착했는데 아직 방에 들어갈 시간이 안 되어서 밖에서 기다렸어요.

입구 ┊ 입실

도움말 다른 하나는 '열매 실(實)'을 써요.

4 다음 문장을 읽고 '室'이 쓰인 한자 어휘가 들어 있는 문장에 ✓ 하세요.

[ ] ① 욕실에서 장난을 치면 미끄러질 수도 있어.

[ ] ② 실험 도구를 다룰 때는 조심, 또 조심해야 해.

월   일

✦ 한자의 뜻과 소리를 읽어 보세요.

뜻   소리

문   문

* '문'의 뜻이 있어요.

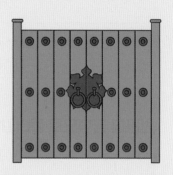

두 개의 문짝이 있는 문의 모양을 본뜬 글자예요.

✦ 한자 어휘를 소리 내 읽어 보고 빈칸에 한자 어휘를 쓰세요.

大 큰 대

뜻   큰 **문**. 주로 한 집의 주가 되는 출입문을 이름.

예문   ☐☐ 에 들어서자 마당에 있던 개가 짖었다.

正 바를 정

뜻   사람이나 차들이 주로 드나드는, 건물의 정면에 있는 **문**.

예문   ☐☐ 이 닫혀서 후문으로 들어갔다.

水 물 수

뜻   물의 흐름을 막거나 물의 양을 조절하기 위해 설치한 **문**.

예문   ☐☐ 을 열어 물을 흘려 보냈다.

窓 창 창

뜻   빛이나 공기가 통하도록 벽이나 지붕에 만들어 놓은 **문**.

예문   ☐☐ 을 열자 시원한 바람이 들어왔다.

1 다음 대화 안에 있는 한자의 뜻과 소리를 쓰세요.

> 서율: 대**門** 앞에 누가 서 있는 것 같아.
>
> 준우: 창**門**으로 내다볼까?

뜻 _____

소리 _____

2 빈칸에 들어갈 한자 어휘에 ○ 하세요.

(1) 비가 많이 와서 소양강 댐 ☐ 을 열었어요.

| 수문 | 수질 |

(2) 오늘 미세 먼지가 심하니까 얼른 ☐ 을 닫자.

| 의문 | 창문 |

3 밑줄 친 부분의 뜻을 가진 한자 어휘에 ○ 하세요.

> 로운: 우리 내일 어디에서 만나?
>
> 혜아: 아파트 <u>정면에 있는 사람이나 차들이 드나드는 문</u> 앞에서 만나자.

| 방문 |
| 정문 |

도움말 다른 하나는 '물을 문(問)'을 써요.

4 다음 문장을 읽고 '門'이 쓰인 한자 어휘가 들어 있는 문장에 ✓ 하세요.

☐ ① 엄마는 내 <u>질문</u>에 친절하게 대답해 주셨다.

☐ ② 사람들이 드나들 때마다 <u>자동문</u>이 열리고 닫혔다.

✦ 한자의 뜻과 소리를 읽어 보세요.

뜻 · 소리

집 · 당

* '집, 장소'의 뜻이 있어요.
* '근친'이라는 뜻도 있어요. '근친'은 가까운 친척을 말해요.

흙(土) 위에 지어 올린 집을 나타낸 글자예요.

✦ 한자 어휘를 소리 내 읽어 보고 빈칸에 한자 어휘를 쓰세요.

강 堂
욀 講

뜻   강연이나 강의, 공연 등을 할 때에 쓰는 **장소**.

예문   학생들은 모두 [ ][ ]에 모이세요.

식 堂
밥/먹을 食

뜻   건물 안에 식사를 할 수 있게 만든 **장소**. 음식을 만들어 파는 가게.

예문   회사 건물에 있는 직원 [ ][ ]에서 점심을 먹었다.

서 堂
글 書

뜻   옛날에 아이들이 글을 배우던 **장소**.

예문   할아버지는 [ ][ ]에서 글공부를 하셨대요.

堂 숙
아재비 叔

뜻   **근친** 중 하나. 아버지의 사촌 형제.

예문   결혼식장에서 [ ][ ]께 인사 드렸다.

*이 어휘에서는 '근친'의 뜻으로 써요.

1 다음 글 안에 있는 한자의 뜻과 소리를 쓰세요.

> 어릴 때 **堂**숙 어른께서 놀아 주셨던 기억이 있다.

(뜻) _____

(소리) _____

2 빈칸에 들어갈 한자 어휘를 <보기>에서 찾아 쓰세요.

보기

| 담당 | 서당 | 서명 | 식당 |

(1) 구청 (   )에서 점심을 먹었어요.

(2) 옛날 어린이들은 (   )에서 공부를 했어요.

3 다음 한자 어휘의 알맞은 뜻에 ○ 하세요.

| (1) | 당숙 | (근친 , 친구) 중 하나. 아버지의 사촌 형제. |
| (2) | 강당 | 강연이나 강의, 공연 등을 할 때에 쓰는 (자료 , 장소). |

어휘 추론!

도움말 다른 하나는 '마땅 당(當)'을 써요.

4 다음 문장을 읽고 '堂'이 쓰인 한자 어휘가 들어 있는 문장에 ✔ 하세요.

[ ] ① 아빠는 매일 차 조심하라고 <u>당부</u>하셨다.

[ ] ② 연아네 가족은 일요일마다 <u>성당</u>에 간다.

월   일

✦ 한자의 뜻과 소리를 읽어 보세요.

場

뜻 **마당**   소리 **장**

*'마당, 장소, 곳'의 뜻이 있어요.

햇볕(昜)이 내리쬐는 곳(土)을 나타낸 글자예요.

✦ 한자 어휘를 소리 내 읽어 보고 빈칸에 한자 어휘를 쓰세요.

개 場
열 開

뜻 어떤 **장소**를 이용할 수 있도록 엶. 🔴 폐장

예문 드디어 눈썰매장이 내일 ☐☐ 한대요.

퇴 場
물러날 退

뜻 어떤 **장소**에서 물러남. 경기 중 반칙 등으로 물러남.

예문 신랑 신부가 ☐☐ 할 때 큰 박수를 쳤어요.

광 場
넓을 廣

뜻 많은 사람이 모이는 도시 가운데에 있는 넓은 **곳**.

예문 ☐☐ 에서 동생이랑 신나게 킥보드를 탔어요.

운 동 場
옮길 運 움직일 動

뜻 여러 가지 기구나 시설을 갖춘 넓은 **마당**.

예문 ☐☐☐ 에서 축구를 하였다.

1 다음 글 안에 있는 한자의 뜻과 소리를 쓰세요.

공원 근처에 있는 야외 수영장이 드디어 개**場**을 합니다.

뜻 _____

소리 _____

2 빈칸에 들어갈 한자 어휘를 글자 카드에서 찾아 만들어 쓰세요.

내일부터 아침마다 (   ) 다섯 바퀴를 달리기로 다짐하였다.

소 　 동 　 장 　 운

3 다음 뜻을 가진 한자 어휘를 초성을 참고하여 빈칸에 쓰세요.

(1) 많은 사람이 모이는 도시 가운데에 있는 넓은 곳.

ㄱ ㅈ

(2) 어떤 장소에서 물러남. 경기 중 반칙 등으로 물러남.

ㅌ ㅈ

어휘 추론!

도움말 다른 하나는 '긴 장(長)'을 써요.

4 다음 문장을 읽고 '場'이 쓰인 한자 어휘가 들어 있는 문장에 ✓ 하세요.

☐ ① 도서 대출 연장을 신청했어요.

☐ ② 지난주에 개봉한 만화 영화를 보러 극장에 가요.

1 다음 글 안에 있는 한자의 뜻과 소리를 쓰세요.

> 지난 주말에 우리 **家**족은 강릉으로 여행을 갔다. 숙소는 한옥이었는데 입**室** 시간이 오후 2시라서 점심을 먹고 들어갔다. 한옥 숙소는 처음이었지만 생각보다 편했다. 창**門**도 커서 바람이 잘 들어왔고, 식**堂**과 수영장도 있었다. 그런데 수영장은 아직 개**場**을 하지 않아서 수영은 하지 못했다.

(1) **家** (   )   (2) **室** (   )

(3) **門** (   )   (4) **堂** (   )

(5) **場** (   )

2 <보기>의 글자 카드에서 알맞은 글자를 찾아 한자 어휘를 완성하세요.

보기

| 가 | 당 | 병 | 실 | 업 |

(1) 맹장 수술을 한 형이 | **병** | | (으)로 옮겨졌어요.

    ↳ 병을 치료하기 위하여 환자가 거처하는 **방**.

(2) '| **서** | | 개 삼 년에 풍월을 읊는다'라는 속담이 있다.

    ↳ 옛날에 아이들이 글을 배우던 **장소**.

(3) 이 식당은 삼 대째 | | **업** | 을 물려받아 운영하는 유명한 곳이에요.

    ↳ 한 **집안**에서 대대로 이어서 하는 사업.

3 다음 뜻과 예문에 맞는 한자 어휘를 글자판에서 찾아 묶으세요.

① **뜻** 어떤 **장소**를 이용할 수 있도록 엶.
예문 올해는 눈이 많이 와서 스키장 ○○을 빨리 한대요.

② **뜻** 가족이 날마다 모여서 생활하는 곳.
예문 밥을 먹고 ○○에 모여 대화를 나누었어요.

③ **뜻** 사람이나 차들이 주로 드나드는, 건물의 정면에 있는 **문**.
예문 학교 ○○ 앞에 엄마가 서 계셨다.

④ **뜻** 한 **집안**의 자손들에게 일러 주는 가르침.
예문 우리 집 ○○은 '서로 사랑하자.'이다.

개	경	운	소
장	가	거	실
학	훈	능	대
생	정	문	륙

4 빈칸에 들어갈 한자 어휘에 ○ 하세요.

(1) 학교 [　　] 에서 합창 대회가 열렸다.

강당 | 강연

(2) 이 댐의 [　　] 은 자동으로 열고 닫을 수 있다.

수문 | 수심

5 다음 문장을 읽고 '場'이 쓰인 한자 어휘가 들어 있는 문장을 모두 고르세요. (　　 ,　　)

① 정수기 대여 기간을 연장하기로 했다.

② 공연이 끝나자 관객들은 밖으로 퇴장을 했다.

③ 많은 사람들이 광장에 모여 우리나라 선수들을 응원했다.

05 사람·3

지난주의 한자 배운 한자를 떠올리며 빈칸에 뜻과 소리를 쓰세요.

家　　　室　　　門　　　堂　　　場

___　　　___　　　___　　　___　　　___

월   일

✦ 한자의 뜻과 소리를 읽어 보세요.

뜻 힘 소리 력(역)

* '힘'의 뜻이 있어요.
* '력'은 맨 앞에 오면 '역'으로 읽고 써요.

스스로 움직이거나 물건을 움직이게 하는 힘을 나타낸 글자예요.

✦ 한자 어휘를 소리 내 읽어 보고 빈칸에 한자 어휘를 쓰세요.

노 力
힘쓸 努

뜻 어떤 목적을 이루기 위하여 **힘**을 들이고 애를 씀.

예문 ☐☐ 했지만 낱말 퍼즐을 완성하지 못했어요.

협 力
화할 協

뜻 **힘**을 합하여 서로 도움. 비 상부상조

예문 전 세계가 ☐☐ 해서 환경 보호에 힘써야 해요.

능 力
능할 能

뜻 어떤 일을 할 수 있는 **힘**. 비 역량

예문 사람마다 가진 ☐☐ 이 달라요.

실 力
열매 實

뜻 실제로 갖추고 있는 **힘**이나 능력.

예문 요리 ☐☐ 이 많이 늘었구나.

1 다음 글 안에 있는 한자의 뜻과 소리를 쓰세요.

> 가수는 하고 싶은데 노래 실力이 부족하다.

뜻 _____

소리 _____

2 빈칸에 들어갈 한자 어휘를 찾아 선을 이으세요.

(1) 체중을 줄이려고 열심히 ☐ 중이다. • • ㉠ 능력

(2) 나는 춤추는 데에 타고난 ☐ 이 있다. • • ㉡ 노력

3 밑줄 친 부분의 뜻을 가진 한자 어휘에 ○ 하세요.

> 수경: 방 청소를 언제 다하지?
> 동우: <u>힘을 합하여 서로 도우면</u> 금방 끝낼 수 있을 거야.

주력
- - - - - - -
협력

어휘 추론!

도움말 다른 하나는 '지날 력(역(歷))'을 써요.

4 다음 문장을 읽고 '力'이 쓰인 한자 어휘가 들어 있는 문장에 ✓ 하세요.

☐ ① 나는 우리나라 <u>역사</u>에 관심이 많아요.

☐ ② 상대 선수를 이기기 위해 <u>전력</u>을 다했어요.

✦ 한자의 뜻과 소리를 읽어 보세요.

뜻 소리
기운 기

* '기운'의 뜻이 있어요.
* '공기, 기상'의 뜻도 있어요.

밥을 먹고 기운이 나는 것을 나타낸 글자예요.

✦ 한자 어휘를 소리 내 읽어 보고 빈칸에 한자 어휘를 쓰세요.

생 氣
날 生

뜻 활발하고 건강한 **기운**.   활기

예문 그 사람의 목소리는 늘 [   ][   ] 가 넘쳐요.

氣 압
누를 壓

* 이 어휘에서는 '공기'의 뜻으로 써요.

뜻 **공기**의 무게로 인해 생기는 압력.

예문 높은 산에 올라가면 [   ][   ] 이 낮아져 귀가 먹먹하다.

氣 온
따뜻할 溫

* 이 어휘에서는 '공기'의 뜻으로 써요.

뜻 **공기**의 온도.

예문 오늘 오후에는 [   ][   ] 이 올라갈 것으로 보입니다.

일 氣
날 日

* 이 어휘에서는 '기상'의 뜻으로 써요.

뜻 그날그날의 비, 구름, 바람, 기온 등이 나타나는 **기상** 상태.

예문 오늘 [   ][   ] 예보에서 눈이 온다고 했어요.

1 다음 글 안에 있는 한자의 뜻과 소리를 쓰세요.

일**氣** 예보를 보고 우산을 챙겼는데 해가 쨍쨍했어요.

뜻 _____

소리 _____

2 빈칸에 들어갈 한자 어휘를 글자 카드에서 찾아 만들어 쓰세요.

학생들의 웃는 모습이 (　　　　　　)이/가 넘쳐요.

기　압　생

3 밑줄 친 부분의 뜻을 가진 한자 어휘를 찾아 선을 이으세요.

(1) 공기의 온도가 내려간다고 하니 겉옷을 챙기렴. · · ㉠ 기압

(2) 높은 곳에 올라가면 공기의 압력이 낮아집니다. · · ㉡ 기온

어휘추론!

도움말 다른 하나는 '틀 기(機)'를 써요.

4 다음 문장을 읽고 '氣'가 쓰인 한자 어휘가 들어 있는 문장에 ✓ 하세요.

☐ ① 안녕하십니까? 저는 여러분을 목적지까지 안전하게 모실 기장 홍주혁입니다.

☐ ② 승객 여러분, 지금 기류가 불안정합니다. 안전벨트를 매셨는지 확인해 주십시오.

월   일

✦ 한자의 뜻과 소리를 읽어 보세요.

뜻 **소리**
늙을 로(노)

* '늙다, 약해지다'의 뜻이 있어요.
* '로'는 맨 앞에 오면 '노'로 읽고 써요.

지팡이를 짚고 있는 노인의 모습을 본뜬 글자예요.

✦ 한자 어휘를 소리 내 읽어 보고 빈칸에 한자 어휘를 쓰세요.

老 인
사람 人

뜻 나이가 들어 **늙은** 사람.

예문 ☐☐ 인구가 점점 증가하고 있다.

老 령
나이 齡

뜻 **늙은** 나이. **비** 고령

예문 할머니께서는 팔십 세의 ☐☐ 에도 불구하고 건강하시다.

老 약 자
약할 弱   사람 者

뜻 **늙거나** 약한 사람.

예문 버스에는 ☐☐☐ 좌석이 따로 있어요.

老 화
될 化

뜻 나이가 들며 신체의 구조나 기능이 **약해지는** 현상.

예문 흰머리가 생기는 것도 ☐☐ 현상 중 하나이다.

1 다음 글 안에 있는 한자의 뜻과 소리를 쓰세요.

> 버스 기사는 **老**인이 좌석에 앉을 때까지 기다렸어요.

뜻 _____

소리 _____

2 빈칸에 들어갈 한자 어휘를 <보기>에서 찾아 쓰세요.

보기

노련   노령   노화

(1) 주름살은 피부가 (   )되어 접히는 현상을 말한다.

(2) 65세 이상의 (   ) 인구가 점점 늘어나고 있습니다.

3 밑줄 친 부분의 뜻을 가진 한자 어휘에 ○ 하세요.

> 이 좌석은 <u>늙거나 약한 사람</u>이 앉을 수 있습니다.

노약자 ┊ 방문자

어휘 추론!

도움말 다른 하나는 '길 로(노(路))'를 써요.

4 다음 문장을 읽고 '老'가 쓰인 한자 어휘가 들어 있는 문장에 ✓ 하세요.

☐ ① 집까지 한 번에 가는 버스 <u>노</u>선이 없어요.

☐ ② <u>노</u>쇠한 할머니가 횡단보도를 건너고 계세요.

✦ 한자의 뜻과 소리를 읽어 보세요.

뜻	소리
효도	효

* '효도하다'의 뜻이 있어요. '효도'는 부모님을 잘 모시고 섬기는 것을 말해요.

늙은 부모를 업은 자식의 모습을 나타낸 글자예요.

✦ 한자 어휘를 소리 내 읽어 보고 빈칸에 한자 어휘를 쓰세요.

孝 행
다닐 行

뜻 **부모를 잘 섬기는** 행동.

예문 「심청전」은 심청의 ☐☐ 에 관한 이야기다.

孝 녀
여자 女

뜻 **부모를 잘 섬기는** 딸. 🔴효자

예문 언니는 엄마를 잘 도와드리는 ☐☐ 이다.

불 孝
아닐 不

뜻 **부모를 잘 섬기지** 않음.

예문 나는 부모님께 ☐☐ 하지 않겠다고 다짐했다.

孝 심
마음 心

뜻 **부모를 잘 모시어 섬기는** 마음.

예문 ☐☐ 깊은 아들은 부모님을 정성껏 모셨다.

1 다음 글 안에 있는 한자의 뜻과 소리를 쓰세요.

어버이날을 맞아 **孝**행이 극진한 사람을 뽑아 상을 주기로 했다.

뜻 _____

소리 _____

2 빈칸에 들어갈 한자 어휘를 찾아 선을 이으세요.

(1) 자영이는 [   ]이/가 되기로 결심했다. •

• ㉠ 효심

(2) 정안이는 [   ]이/가 무척 깊은 아이예요. •

• ㉡ 효녀

3 다음 뜻을 가진 한자 어휘를 초성을 참고하여 빈칸에 쓰세요.

(1) 부모를 잘 섬기는 행동. — [ㅎ][ㅎ]

(2) 부모를 잘 섬기지 않음. — [ㅂ][ㅎ]

어휘추론!

도움말 다른 하나는 '본받을 효(效)'를 써요.

4 다음 문장을 읽고 '孝'가 쓰인 한자 어휘가 들어 있는 문장에 ✔ 하세요.

[   ] ① 「효자가 된 호랑이」라는 연극을 봤어요.

[   ] ② 두통약을 먹었는데 별로 효과가 없는 것 같아요.

월   일

✦ 한자의 뜻과 소리를 읽어 보세요.

(뜻) (소리)
장인 공

* '장인'의 뜻이 있어요.
* '만들다, 일'의 뜻도 있어요.

물건을 만드는 일을 직업으로 하는 장인을 나타낸 글자예요.

✦ 한자 어휘를 소리 내 읽어 보고 빈칸에 한자 어휘를 쓰세요.

목 工
나무 木

(뜻) 나무로 가구 등의 **물건을 만드는 사람**. (비) 목수

(예문) ☐☐ 은 나무로 의자를 만들었다.

가 工
더할 加

(뜻) 원료나 재료를 새로운 제품으로 **만듦**.

(예문) 캔에 들어 있는 햄은 대표적인 ☐☐ 식품입니다.

*이 어휘에서는 '만들다'의 뜻으로 써요.

工 사
일 事

(뜻) 시설이나 건물 등을 새로 **만들어** 짓거나 고치는 일.

(예문) 사거리에 지하철 ☐☐ 를 하고 있어요.

*이 어휘에서는 '만들다'의 뜻으로 써요.

工 구
갖출 具

(뜻) 물건을 만들거나 고치는 **일**에 쓰는 기구나 도구.

(예문) 아빠는 ☐☐ 로 고장 난 의자를 고치셨다.

*이 어휘에서는 '일'의 뜻으로 써요.

1 다음 글 안에 있는 한자의 뜻과 소리를 쓰세요.

목**工**이 나무를 자르고 있어요.

(뜻) _____

(소리) _____

2 빈칸에 들어갈 한자 어휘를 <보기>에서 찾아 쓰세요.

> 보기
>
> 가공   공공   공구   공사

(1) 이 참치는 (   ) 과정을 거쳐 통조림이 될 것이다.

(2) 안전을 위해 등교와 하교 시간에는 도로 (   )이/가 중지됩니다.

3 퀴즈를 읽고 알맞은 답을 쓰세요.

> **'이것'은 무엇일까요?**
>
> **힌트 1.** '이것'은 물건을 만들거나 고치는 일에 써요.
> **힌트 2.** '이것'의 종류에는 펜치, 망치 등이 있어요.

4 다음 한자 어휘 중 '工'이 쓰인 것에 ✔ 하세요.

☐ ① 공유 ➤ 두 사람 이상이 어떤 것을 함께 가지고 있음.

☐ ② 인공 ➤ 자연적인 것이 아니라 사람의 힘으로 만들어 낸 것.

1 다음 글 안에 있는 한자의 뜻과 소리를 쓰세요.

> 오늘 엄마와 나는 할머니를 모시고 오케스트라 공연을 보러 갔다. 지하철 **工**사 때문에 차가 막혔지만, 제시간에 무사히 도착하였다. 드디어 시작된 연주회. 뛰어난 연주 실**力**을 가진 연주자들의 **老**련한 연주를 들으니 생**氣**가 도는 것 같았다. 바이올리니스트가 꿈이었던 할머니는 마지막 곡을 들으며 눈물까지 흘리셨다. 엄마는 나에게 귓속말로 오늘 **孝**녀가 된 것 같다고 하시며 웃으셨다.

(1) **工** (　　　　　　　　　)　　(2) **力** (　　　　　　　　　)

(3) **老** (　　　　　　　　　)　　(4) **氣** (　　　　　　　　　)

(5) **孝** (　　　　　　　　　)

2 가로 열쇠, 세로 열쇠를 풀어 낱말 퍼즐을 완성하세요.

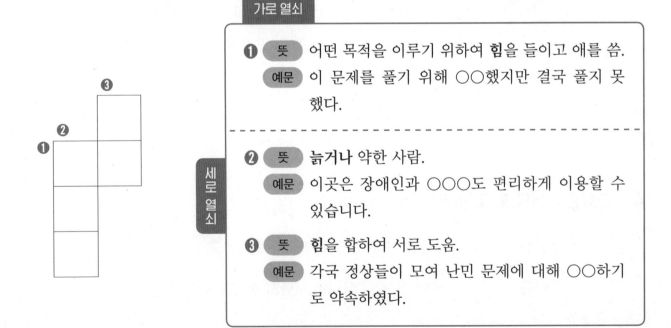

가로 열쇠

❶ 뜻 어떤 목적을 이루기 위하여 **힘**을 들이고 애를 씀.
예문 이 문제를 풀기 위해 ○○했지만 결국 풀지 못했다.

❷ 뜻 **늙거나** 약한 사람.
예문 이곳은 장애인과 ○○○도 편리하게 이용할 수 있습니다.

❸ 뜻 **힘**을 합하여 서로 도움.
예문 각국 정상들이 모여 난민 문제에 대해 ○○하기로 약속하였다.

세로 열쇠

3 뜻풀이에 맞는 한자 어휘를 찾아 선을 이으세요.

(1) 늙은 나이. •

(2) 공기의 온도. •

(3) 부모를 잘 섬기는 행동. •

• ㉠ 기온

• ㉡ 노령

• ㉢ 효행

4 빈칸에 들어갈 한자 어휘를 <보기>에서 찾아 쓰세요.

보기

| 가공 | 생기 | 실력 | 협력 |

(1) 각종 첨가물을 넣은 ( )식품은 건강에 좋지 않아요.

(2) 동생은 태권도 승급 심사에 떨어지고 ( )을/를 잃었어요.

(3) 현준이의 타고난 운동 ( )은/는 누구도 따라갈 수가 없어요.

5 다음 대화를 읽고 밑줄 친 한자 어휘 중 '工'이 쓰인 것을 찾아 쓰세요.

현성: 서준아, 내일 <u>공휴일</u>인데 뭐해?

서준: 글쎄, 특별한 계획은 없어.

현성: 내일 자전거 타고 집 근처 <u>인공</u> 호수 <u>공원</u>을 한 바퀴 돌까?

( )

06 방향과 위치·2

지난주의 한자 배운 한자를 떠올리며 빈칸에 뜻과 소리를 쓰세요.

力　氣　老　孝　工

___ ___ ___ ___ ___

✦ 한자의 뜻과 소리를 읽어 보세요.

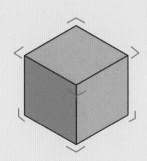

뜻 소리

모 방

* '네모'의 뜻이 있어요.
* '방향, 방법, 곳'의 뜻도 있어요.

상자 겉으로 삐죽하게 튀어나온 귀퉁이나 공간의 모퉁이를 나타낸 글자예요.

✦ 한자 어휘를 소리 내 읽어 보고 빈칸에 한자 어휘를 쓰세요.

方 석
자리 席

> 뜻 앉을 때 밑에 까는 **네모지거나** 둥근 모양의 깔개.
>
> 예문 의자에 ⬜⬜ 을 깔고 앉으면 편해요.

사 方
넉 四

*이 어휘에서는 '방향'의 뜻으로 써요.

> 뜻 동, 서, 남, 북의 네 가지 **방향**. 둘레의 모든 곳.
>
> 예문 동서남북 ⬜⬜ 이 산으로 막혀 있어요.

方 법
법 法

*이 어휘에서는 '방법'의 뜻으로 써요.

> 뜻 **방법**. 무엇을 하기 위한 수단이나 방식. 🔵비 방식
>
> 예문 문제를 해결할 좋은 ⬜⬜ 이 있을까요?

지 方
땅 地

*이 어휘에서는 '곳'의 뜻으로 써요.

> 뜻 한 나라의 수도 이외의 **곳**(지역). 🔵반 서울
>
> 예문 서울에 살다가 ⬜⬜ 으로 내려가 살아 보니 어때?

1 다음 글 안에 있는 한자의 뜻과 소리를 쓰세요.

> 바닥이 차가우니 **方**석에 앉으세요.

(뜻) _____

(소리) _____

2 빈칸에 들어갈 한자 어휘를 <보기>에서 찾아 쓰세요.

> 보기
>
> 개방   방법   방지   지방

(1) (   )에서 살다가 서울로 이사를 왔다.

(2) 이 수학 문제를 푸는 (   )은/는 두 가지입니다.

3 밑줄 친 부분의 뜻을 가진 한자 어휘에 ○ 하세요.

> 일본은 <u>둘레의 모든 곳</u>이 바다로 둘러싸인 섬나라다.

| 방안 | 사방 |

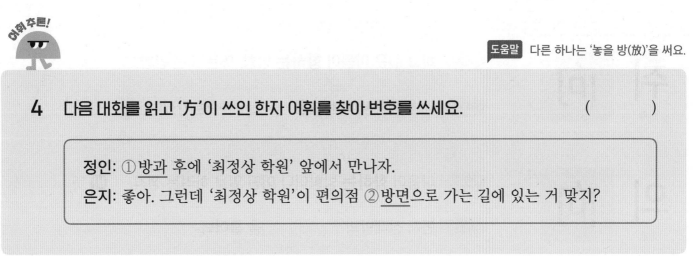

도움말 다른 하나는 '놓을 방(放)'을 써요.

4 다음 대화를 읽고 '方'이 쓰인 한자 어휘를 찾아 번호를 쓰세요. (   )

> 정인: ①방과 후에 '최정상 학원' 앞에서 만나자.
>
> 은지: 좋아. 그런데 '최정상 학원'이 편의점 ②방면으로 가는 길에 있는 거 맞지?

✦ 한자의 뜻과 소리를 읽어 보세요.

뜻   소리
향할 향

*'향하다'의 뜻이 있어요.

해를 향해 자라는 해바라기처럼 어딘가를 향하고 있는 것을 나타낸 글자예요.

✦ 한자 어휘를 소리 내 읽어 보고 빈칸에 한자 어휘를 쓰세요.

向 상 윗上

뜻 실력, 수준, 기술 등이 위나 앞을 **향해** 발전하거나 나아짐.

예문 이 책으로 공부를 하니까 한자 실력이 ☐☐ 되었다.

방 向 모方

뜻 어떤 방위를 **향한** 쪽.

예문 길을 잘못 들어 ☐☐ 을 잃고 헤맸다.

취 向 뜻趣

뜻 하고 싶은 마음이 **향하는** 방향, 또는 그런 경향.

예문 내 동생은 나와 비슷한 ☐☐ 을 가졌다.

의 向 뜻意

뜻 마음이 **향하는** 방향이나 어떤 일을 하려는 생각.   비 뜻

예문 먼저 상대방의 ☐☐ 을 물어봐.

1 다음 말주머니 안에 있는 한자의 뜻과 소리를 쓰세요.

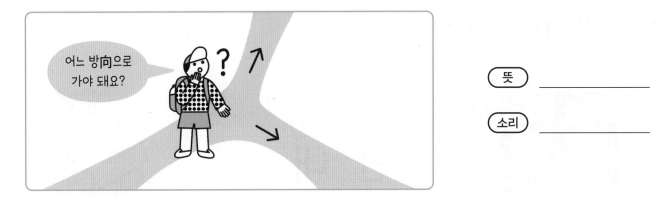

뜻 _____

소리 _____

2 빈칸에 들어갈 한자 어휘에 ○ 하세요.

수학 단원 평가를 보았다. 지난번에는 네 문제를 틀렸는데 이번에는 한 문제밖에 안 틀렸다. 수학 실력이 [ ]되고 있는 것 같아 기분이 좋다.

기상
- - - - -
향상

3 다음 뜻을 가진 한자 어휘를 찾아 선을 이으세요.

(1) 하고 싶은 마음이 향하는 방향, 또는 그런 경향.　　•　　•㉠　의향

(2) 마음이 향하는 방향이나 어떤 일을 하려는 생각.　　•　　•㉡　취향

도움말 다른 하나는 '향기 향(香)'을 써요.

4 다음 문장을 읽고 '向'이 쓰인 한자 어휘가 들어 있는 문장에 ✓ 하세요.

[　] ① 이모에게 꽃향기가 나는 <u>향수</u>를 선물했다.

[　] ② 이번 경기로 우리 팀이 결승에 나가게 될지 <u>향방</u>이 결정된다.

✦ 한자의 뜻과 소리를 읽어 보세요.

뜻 소리
안 내

* '안, 속'의 뜻이 있어요.

어떤 공간으로 들어간다는(入) 것에서 안이라는 뜻을 갖게 된 글자예요.

✦ 한자 어휘를 소리 내 읽어 보고 빈칸에 한자 어휘를 쓰세요.

內 과
과목 科

뜻 몸 **안**의 병을 약으로 치료하는 의학의 한 분야. **반** 외과

예문 감기에 걸려서 ☐☐ 에 갔다.

內 용
얼굴 容

뜻 그릇이나 상자 등의 **안**에 든 것. 말, 글 등의 **안**에 들어 있는 것.

예문 택배 상자를 열어 ☐☐ 을 확인했다.

內 전
싸움 戰

뜻 한 나라 **안**에서 일어나는 싸움. **비** 내란

예문 이웃 나라에 ☐☐ 이 발생했다.

內 의
옷 衣

뜻 추위를 막기 위해 옷 **속**에 껴입는 옷. **비** 내복

예문 날씨가 추워졌으니 ☐☐ 를 꼭 입으렴.

1 다음 글 안에 있는 한자의 뜻과 소리를 쓰세요.

> **內**과에 진료 받으러 왔어요.

뜻 _____

소리 _____

2 빈칸에 들어갈 한자 어휘를 글자 카드에서 찾아 만들어 쓰세요.

> 신문 기사의 (   )을/를 간단히 요약해
> 보세요.

내   실   용

3 다음 뜻을 가진 한자 어휘를 초성을 참고하여 빈칸에 쓰세요.

(1) 한 나라 안에서 일어나는 싸움.   ㄴ ㅈ

(2) 추위를 막기 위해 옷 속에 껴입는 옷.   ㄴ ㅇ

어휘 추론!

도움말 다른 하나는 '올 래(내(來))'를 써요.

4 다음 문장을 읽고 '內'가 쓰인 한자 어휘가 들어 있는 문장에 ✔ 하세요.

☐ ① 혹시 저희 병원에 처음 <u>내원</u>하셨나요?

☐ ② 동생은 외향적이고, 나는 <u>내향적</u>인 성격이에요.

✦ 한자의 뜻과 소리를 읽어 보세요.

뜻 | 소리
바깥 외

*'밖, 겉'의 뜻이 있어요.

우물 밖은 넓구나!

우물 속에 있던 개구리가 밖으로 나왔어요. 이 글자는 선이나 경계를 넘어선 바깥쪽을 나타낸 것이예요.

✦ 한자 어휘를 소리 내 읽어 보고 빈칸에 한자 어휘를 쓰세요.

外 식
밥/먹을 食

뜻 **밖**에서 음식을 사 먹음, 또는 그런 식사.

예문 내 생일에 가족끼리 ☐☐ 을 하기로 했어요.

교 外
학교 校

뜻 학교의 **밖**. 🔄 교내

예문 선생님께 ☐☐ 체험 학습 보고서를 냈어요.

실 外
집 室

뜻 방이나 건물 등의 **밖**. 🔄 실내

예문 오늘은 ☐☐ 운동을 하기에는 너무 더워요.

外 모
모양 貌

뜻 **겉**으로 드러나 보이는 모양. 🔵 겉모습

예문 나의 ☐☐ 는 엄마를 닮았어요.

1 다음 글 안에 있는 한자의 뜻과 소리를 쓰세요.

사춘기에 들어서면서 형은 **外**모에 관심이 많아졌다.

뜻 _____

소리 _____

2 빈칸에 들어갈 한자 어휘에 ○ 하세요.

아빠: 오늘은 지우 생일이니까 ☐ 을 하도록 하자! 어디에 갈까?

지우: 새로 생긴 피자 가게에 가요! 피자가 먹고 싶어요.

외식
- - - - -
휴식

3 밑줄 친 부분의 뜻을 가진 한자 어휘에 ○ 하세요.

(1) <u>학교 밖</u>에서도 교복을 입게 하는 학교가 있다고 합니다.

교내 ┆ 교외

(2) <u>건물 밖</u>으로 나가면 오른쪽에 수영장과 샤워실이 있어요.

실내 ┆ 실외

4 다음 한자 어휘의 예문을 읽어 보고 빈칸에 들어갈 말을 예문에서 찾아 쓰세요.

외출

예문 삼 일 동안 <u>외출</u> 금지라서 밖에 나갈 수가 없다.

뜻 집이나 회사 등에 있다가 할 일이 있어 ( )에 나감.

✦ 한자의 뜻과 소리를 읽어 보세요.

뜻   소리

윗   상

* '위'의 뜻이 있어요.
* '오르다'의 뜻도 있어요.

선 위에 점을 찍어 어떤 기준보다 높은 위를 나타낸 글자예요.

✦ 한자 어휘를 소리 내 읽어 보고 빈칸에 한자 어휘를 쓰세요.

옷 衣

뜻 **위**에 입는 옷. 비 윗옷 반 하의

예문 엄마는 무릎까지 내려오는 긴 ⬜⬜ 를 입으셨다.

흐를 流

뜻 흐르는 강이나 냇물의 **윗**부분. 사회적 지위나 생활 수준 등이 높은 부류. 반 하류

예문 연어는 알을 낳으러 강의 ⬜⬜ 로 되돌아온다.

정수리 頂

뜻 산 등의 맨 **위** 꼭대기. 그 이상 더없는 최고의 상태.

예문 산 ⬜⬜ 까지는 약 이십 분이 남았다.

오를 昇

뜻 낮은 데서 위로 **올라감**.

예문 매년 바닷물의 온도가 ⬜⬜ 하고 있다.

* 이 어휘에서는 '오르다'의 뜻으로 써요.

1 다음 글 안에 있는 한자의 뜻과 소리를 쓰세요.

> 이 바지에 어울리는 上의는 무슨 색일까?

뜻 _____

소리 _____

2 빈칸에 공통으로 들어갈 한자 어휘에 ○ 하세요.

> • 강의 [　　] 는 물살이 세다.
>
> • 조선 시대 때 [　　] 계층은 비단으로 만든 옷을 입었다.

상류
종류

3 밑줄 친 부분의 뜻을 가진 한자 어휘에 ○ 하세요.

(1) 계속된 비로 배춧값이 크게 <u>오르면서</u> 김치 가격도 두 배 올랐다.

계승	상승

(2) 등산객들은 다섯 시간 만에 드디어 <u>산의 맨 위 꼭 대기</u>에 도착했다.

정상	정원

어휘 추론!

4 다음 한자 어휘 중 '上'이 쓰인 것에 ✓ 하세요.

☐ ① 상부상조 ➡ 서로서로 도움.

☐ ② 설상가상 ➡ 눈 위에 서리가 덮인다는 뜻으로, 불행한 일이 잇따라 일어남을 이르는 말.

1 다음 글 안에 있는 한자의 뜻과 소리를 쓰세요.

> 기침이 나고 목이 아파 **內**과에 갔다. 병원은 집에서 학교 **方向**으로 5분 정도 걸어간 곳
> 에 있었다. 의사 선생님께서는 오늘처럼 일교차가 많이 나는 날에는 감기에 잘 걸린다고
> 하시며, 당분간 **外**출을 하지 말고 집에서 푹 쉬라고 말씀하셨다. 그리고 체온이 38도 이
> 상으로 **上**승하면 해열제를 먹으라고 하셨다.

(1) **內** (   )   (2) **方** (   )

(3) **向** (   )   (4) **外** (   )

(5) **上** (   )

2 <보기>의 글자 카드에서 알맞은 글자를 찾아 한자 어휘를 완성하세요.

보기

| 내 | 방 | 상 | 외 | 향 |

(1) 글의 [|용] 을 잘 이해하지 못했어요.

↳ 말, 글 등의 **안**에 들어 있는 것.

(2) 우리 가족은 주말마다 [|식] 을 해요.

↳ **밖**에서 음식을 사 먹음, 또는 그런 식사.

(3) 지갑이 보이지 않아 [사|] 을/를 찾아보고 있다.

↳ 둘레의 모든 곳.

3 다음 뜻과 예문에 맞는 한자 어휘를 초성을 참고하여 쓰세요.

(1) | ㅅ | ㅇ |

뜻 방이나 건물 등의 **밖**.

예문 ○○ 활동을 오래 할 때는 자외선 차단제를 바르세요.

(2) | ㅅ | ㅇ |

뜻 **위**에 입는 옷.

예문 더우니까 ○○는 반팔로 입는 것이 좋겠다.

(3) | ㅎ | ㅅ |

뜻 실력, 수준, 기술 등이 위나 앞을 **향해** 발전하거나 나아짐.

예문 줄넘기 실력을 ○○시키기 위해 열심히 연습했다.

4 빈칸에 들어갈 한자 어휘를 <보기>에서 찾아 쓰세요.

> 보기
>
> 내전   방법   정상   취향

(1) 나와 언니는 성격도 비슷하고 (   )도 비슷하다.

(2) 화가 난 동생의 기분을 풀어 줄 수 있는 (   )을 생각해 보았다.

(3) 우리나라 배구 대표 팀이 세계 대회에서 우승하며 (   )에 우뚝 섰다.

5 다음 문장을 읽고 '向'이 쓰인 한자 어휘가 들어 있는 문장을 모두 고르세요. (,   )

① 방 안은 커피 <u>향기</u>로 가득했다.

② 의견이 반반으로 나뉘어 투표 결과의 <u>향방</u>을 알 수 없게 되었다.

③ 친구들이 나에게 학교 끝나고 문구점에 같이 갈 <u>의향</u>이 있는지 물었다.

07 방향과 위치·3

지난주의 한자 배운 한자를 떠올리며 빈칸에 뜻과 소리를 쓰세요.

方　　向　　內　　外　　上

월   일

✦ 한자의 뜻과 소리를 읽어 보세요.

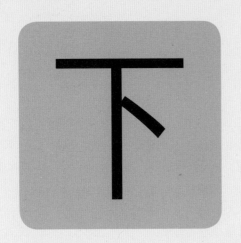

뜻 소리
아래 하

* '아래'의 뜻이 있어요.
* '내리다'의 뜻도 있어요.

선 아래에 점을 찍어 어떤 기준보다 낮은 아래를 나타낸 글자예요.

✦ 한자 어휘를 소리 내 읽어 보고 빈칸에 한자 어휘를 쓰세요.

下 의
옷 衣

뜻 **아래**에 입는 옷. 반 상의

예문 ☐☐ 를 청바지로 갈아입었다.

영 下
떨어질 零

뜻 섭씨 0도 **아래**의 온도. 반 영상

예문 오늘 아침 기온은 ☐☐ 10도래요.

下 락
떨어질 落

뜻 값이나 등급 등이 **아래**로 떨어짐. 반 상승

예문 쌀 가격이 ☐☐ 해서 농부들이 걱정하고 있다.

下 차
수레 車

* 이 어휘에서는 '내리다'의 뜻으로 써요.

뜻 타고 있던 차에서 **내림**. 반 승차

예문 다음 정류장에서 ☐☐ 하면 길벗 백화점이다.

1 다음 글 안에 있는 한자의 뜻과 소리를 쓰세요.

> 우유와 밀가루의 가격이 下락하고 있어요.

(뜻) _____

(소리) _____

2 빈칸에 들어갈 한자 어휘를 글자 카드에서 찾아 만들어 쓰세요.

> 이번 정거장에서 (   )해서 길을 건너면
> 우체국이 나와요.

| 의 | 차 | 하 |

3 밑줄 친 부분의 뜻을 가진 한자 어휘를 찾아 선을 이으세요.

(1) 언니는 <u>아래에 입는 옷</u>만 여러 벌 샀다.   •   • ㉠ 영하

(2) 내일은 <u>기온이 0도 아래로</u> 내려가겠습니다.   •   • ㉡ 하의

어휘 추론!

도움말 다른 하나는 '하례할 하(賀)'를 써요.

4 다음 문장을 읽고 '下'가 쓰인 한자 어휘가 들어 있는 문장에 ✓ 하세요.

☐ ① 오늘 동생에게 생일 <u>축하</u> 노래를 불러 주었어요.

☐ ② 군인들이 높은 곳에서 땅으로 내려오는 <u>하강</u> 훈련을 받고 있어요.

월　　　일

✦ 한자의 뜻과 소리를 읽어 보세요.

（뜻）（소리）
앞 전

* '앞, 전, 먼저'의 뜻이 있어요.

차례에서 앞서는 곳이나 지나간 시간을 나타낸 글자예요.

✦ 한자 어휘를 소리 내 읽어 보고 빈칸에 한자 어휘를 쓰세요.

前 후
뒤 後

뜻　앞과 뒤 또는 먼저와 나중을 이르는 말.　비 앞뒤

예문　위험한 곳이 있는지 ☐☐ 를 잘 살펴봐.

前 반
반 半

뜻　전체를 반씩 둘로 나눈 것의 앞쪽 반.　반 후반

예문　우리 팀은 ☐☐ 15분에 골을 넣었다.

前 경
볕 景

뜻　앞쪽에 보이는 경치.

예문　베란다에서 보이는 ☐☐ 이 멋있다.

사 前
일 事

뜻　일이 일어나기 전, 또는 일을 시작하기 전.　반 사후

예문　화재가 일어나지 않도록 ☐☐ 에 점검을 해야 한다.

1 다음 글 안에 있는 한자의 뜻과 소리를 쓰세요.

산꼭대기에 올라가니 마을 **前**경이 한 눈에 들어온다.

뜻 _____

소리 _____

2 빈칸에 들어갈 한자 어휘를 찾아 선을 이으세요.

(1) 친구에게 그 일의 [   ] 사정을 자세히 설명했다. •

• ㉠ 전반

(2) 우리 팀은 [   ]에 뒤지다가 후반에 역전승했다. •

• ㉡ 전후

3 밑줄 친 부분과 바꾸어 쓸 수 있는 한자 어휘에 ○ 하세요.

나는 <u>일을 시작하기 전에</u> 준비를 꼼꼼하게 하는 편이다.

사전 ┊ 사후

도움말 다른 하나는 '싸움 전(戰)'을 써요.

4 다음 문장을 읽고 '前'이 쓰인 한자 어휘가 들어 있는 문장에 ✔ 하세요.

[ ] ① 이번에 새로 나온 제품이 <u>이전</u> 제품보다 나은 것 같아.

[ ] ② 한국 <u>전쟁</u>이 일어난 이후 우리나라는 남과 북으로 나뉘었어요.

월   일

✦ 한자의 뜻과 소리를 읽어 보세요.

뜻	소리
뒤	후

* '뒤'의 뜻이 있어요.

길을 걸을 때(彳) 뒤처지는 모습을 나타 낸 글자예요.

✦ 한자 어휘를 소리 내 읽어 보고 빈칸에 한자 어휘를 쓰세요.

노 後
늙을 老

뜻 늙은 **뒤**.

예문 할머니는 시골에서 ☐☐ 를 즐기고 계신다.

後 식
밥/먹을 食

뜻 식사한 **뒤**에 먹는 간단한 음식. 비 디저트

예문 오늘 ☐☐ 은 수박이에요.

後 원
도울 援

뜻 **뒤**에서 도와줌. 비 뒷받침

예문 이번 행사는 여러 기업의 ☐☐ 으로 이루어졌다.

後 불
떨칠 拂

뜻 일이 끝난 **뒤**나 물건을 받은 **뒤**에 돈을 냄. 반 선불

예문 통신비는 ☐☐ 로 결제됩니다.

1 다음 글 안에 있는 한자의 뜻과 소리를 쓰세요.

> 노**後**를 대비하기 위해 저축을 하기로 했다.

뜻 _____

소리 _____

2 빈칸에 들어갈 한자 어휘를 찾아 선을 이으세요.

(1) 식사를 마쳤으니 ☐ 을 먹어 볼까?   •   • ㉠ **후불**

(2) 식사를 다 하신 후에 ☐ (으)로 계산하세요.   •   • ㉡ **후식**

3 밑줄 친 부분의 뜻을 가진 한자 어휘에 ○ 하세요.

> 저희 고아원은 여러 단체가 뒤에서 도와주어 어려움 없이 운영되고 있습니다.

노후

후원

도움말 다른 하나는 '맡을 후(嗅)'를 써요.

4 다음 문장을 읽고 '後'가 쓰인 한자 어휘가 들어 있는 문장에 ✓ 하세요.

☐ ① 개는 <u>후각</u>이 발달한 동물이다.

☐ ② 자전거를 타다가 <u>후진</u>하는 차와 부딪쳤다.

월   일

✦ **한자의 뜻과 소리를 읽어 보세요.**

뜻   소리

왼   좌

*'왼쪽'의 뜻이 있어요.

표지판이 알려 주는 방향인 왼쪽을 나타내는 글자예요.

✦ **한자 어휘를 소리 내 읽어 보고 빈칸에 한자 어휘를 쓰세요.**

左 측
겯 側

뜻   **왼쪽**. 북쪽을 향하였을 때의 서쪽과 같은 쪽.   비 왼편

예문   이 길로 계속 가다 보면 [   ][   ]에 마트가 있어요.

左 우
오른 右

뜻   **왼쪽**과 오른쪽을 아울러 이르는 말.

예문   재훈이는 고개를 [   ][   ]로 흔들며 아니라고 하였다.

左 심 방
마음 心   방 房

뜻   심장의 **왼쪽** 위에 있는 방.   반 우심방

예문   [   ][   ][   ]은 허파에서 피를 받아요.

左 회 전
돌아올 回   구를 轉

뜻   차 등이 **왼쪽**으로 돎.   반 우회전

예문   이 도로는 [   ][   ][   ]이 금지되어 있다.

1 다음 글 안에 있는 한자의 뜻과 소리를 쓰세요.

사거리에서 **左**회전을 하면 학교가 나와요.

뜻 _____

소리 _____

2 빈칸에 들어갈 한자 어휘를 찾아 선을 이으세요.

(1) 학생들이 [____]과/와 우측으로 나뉘어 서 있다. •

• ㉠ 좌우

(2) 독수리는 [____] 날개를 펼쳐 하늘로 훨훨 날아갔다. •

• ㉡ 좌측

3 다음 뜻을 가진 한자 어휘를 초성을 참고하여 빈칸에 쓰세요.

(1) 차 등이 왼쪽으로 돎.

ㅈ	ㅎ	ㅈ

(2) 심장의 왼쪽 위에 있는 방.

ㅈ	ㅅ	ㅂ

어휘 추론!

4 다음 한자 어휘 중 '左'가 쓰인 것에 ✓ 하세요.

[ ] ① 좌담 ➡ 여러 사람이 한자리에 모여 앉아서 어떤 문제에 대한 의견을 나누는 일, 또는 그런 이야기.

[ ] ② 좌지우지 ➡ 왼쪽으로 돌렸다 오른쪽으로 돌렸다 한다는 뜻으로, 이리저리 자기 마음대로 휘두르거나 다룸.

✦ 한자의 뜻과 소리를 읽어 보세요.

뜻   소리

오른 우

＊'오른쪽'의 뜻이 있어요.

표지판이 알려 주는 방향인 오른쪽을 나타내는 글자예요.

✦ 한자 어휘를 소리 내 읽어 보고 빈칸에 한자 어휘를 쓰세요.

右 측
곁 側

뜻 **오른쪽**. 북쪽을 향하였을 때의 동쪽과 같은 쪽. 비 오른편

예문 시곗바늘은 항상 [   ][   ] 방향으로 돈다.

右 뇌
골 腦

뜻 뇌의 **오른쪽** 부분. 반 좌뇌

예문 인간의 뇌는 좌뇌와 [   ][   ]로 나뉜다.

右 심 방
마음 心 방 房

뜻 심장의 **오른쪽** 위에 있는 방. 반 좌심방

예문 [   ][   ][   ]은 피를 오른심실로 보내요.

右 회 전
돌아올 回 구를 轉

뜻 차 등이 **오른쪽**으로 돎. 반 좌회전

예문 [   ][   ][   ]하면 빵집이 있다.

1 다음 글 안에 있는 한자의 뜻과 소리를 쓰세요.

右심방은 온몸을 돌고 온 피가 들어가는 곳이다.

뜻 _____

소리 _____

2 빈칸에 들어갈 한자 어휘를 글자 카드에서 찾아 만들어 쓰세요.

계단을 오를 때는 (   )(으)로 통행하세요.

예   우   측

3 밑줄 친 부분의 뜻을 가진 한자 어휘에 ○ 하세요.

(1) 뇌의 오른쪽 부분이 발달한 사람은 창의적인 편이라고 한다.

우뇌 : 좌뇌

(2) 학교 앞을 지나면 사거리가 나오는데 거기에서 오른쪽으로 돌면 우리 집이 있다.

우회전 : 좌회전

어휘 추론!

4 다음 한자 어휘 중 '右'가 쓰인 것에 ✔ 하세요.

☐ ① 전후좌우 ➞ 앞과 뒤, 왼쪽과 오른쪽.

☐ ② 우기 ➞ 일 년 중 비가 많이 내리는 시기.

1 다음 글 안에 있는 한자의 뜻과 소리를 쓰세요.

> 고모 댁에 가려고 버스를 탔다. 고모 댁은 1번 버스를 타고 가다가 대한 아파트 **後**문에서 **下**차해야 한다. 그런데 깜빡 다른 생각을 하는 사이에 버스가 정류장을 지나 **右**회전을 하였다. 어쩔 수 없이 다음 정류장에서 내려 걸어갔다. 그런데 더운 여름날이라 그런지 목이 말랐다. 그래서 **左**측에 있는 편의점에서 물을 사서 마셨다. 15분쯤 걸어가니 **前**방에 고모 댁이 보였다.

(1) 後 (   )   (2) 下 (   )

(3) 右 (   )   (4) 左 (   )

(5) 前 (   )

2 다음 뜻과 예문에 맞는 한자 어휘를 글자판에서 찾아 묶으세요.

① **뜻** 오른쪽. 북쪽을 향하였을 때의 동쪽과 같은 쪽.
   예문 삼거리에서 ○○으로 돌면 바로 앞에 치과가 있어.

② **뜻** 아래에 입는 옷.
   예문 운동복 상의와 ○○를 맞춰 입었다.

③ **뜻** 일이 일어나기 전, 또는 일을 시작하기 전.
   예문 ○○에 아무 말씀도 없었는데 선생님께서 갑자기 시험을 보겠다고 하셨다.

④ **뜻** 늙은 뒤.
   예문 좋은 취미를 가지면 ○○를 즐겁게 보낼 수 있어요.

차	우	노	후
좌	측	자	가
발	효	하	의
양	사	전	인

3 가로 열쇠, 세로 열쇠를 풀어 낱말 퍼즐을 완성하세요.

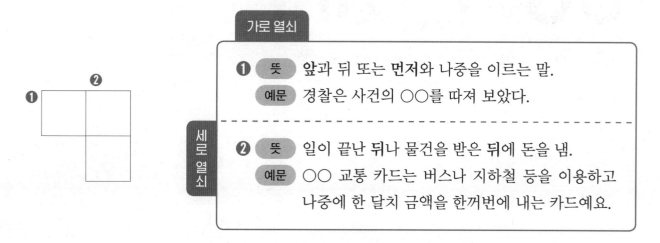

가로 열쇠

❶ 뜻 앞과 뒤 또는 **먼저**와 나중을 이르는 말.
예문 경찰은 사건의 ○○를 따져 보았다.

세로 열쇠

❷ 뜻 일이 끝난 **뒤**나 물건을 받은 **뒤**에 돈을 냄.
예문 ○○ 교통 카드는 버스나 지하철 등을 이용하고 나중에 한 달치 금액을 한꺼번에 내는 카드예요.

4 빈칸에 들어갈 한자 어휘를 <보기>에서 찾아 쓰세요.

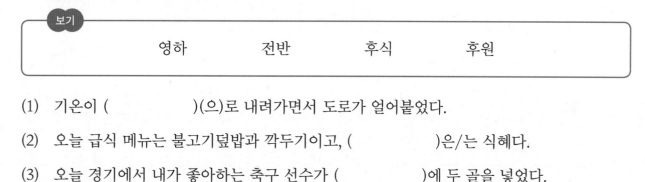

보기

영하   전반   후식   후원

(1) 기온이 (   )(으)로 내려가면서 도로가 얼어붙었다.

(2) 오늘 급식 메뉴는 불고기덮밥과 깍두기이고, (   )은/는 식혜다.

(3) 오늘 경기에서 내가 좋아하는 축구 선수가 (   )에 두 골을 넣었다.

5 다음 대화를 읽고 밑줄 친 한자 어휘 중 '前'이 쓰인 것을 찾아 쓰세요.

지민: 할아버지, 우리 마을에 이전부터 전해져 내려오는 전설이 있어요?
할아버지: 아내가 남편을 기다리다가 돌이 되었다는 이야기가 전래되어 오고 있지.

(   )

08 신체·2

지난주의 한자 배운 한자를 떠올리며 빈칸에 뜻과 소리를 쓰세요.

下　　前　　後　　左　　右

_____　_____　_____　_____　_____

✦ 한자의 뜻과 소리를 읽어 보세요.

뜻 소리
머리 두

＊'머리'의 뜻이 있어요.
＊'처음, 맨 앞'의 뜻도 있어요.

신체의 일부분인 머리나 처음을 나타낸 글자예요.

✦ 한자 어휘를 소리 내 읽어 보고 빈칸에 한자 어휘를 쓰세요.

頭 통
아플 痛

뜻 **머리**가 아픈 증세.

예문 ☐☐ 이 심해서 약을 먹었다.

頭 발
터럭 髮

뜻 **머리**에 난 털. 비 머리카락

예문 미용실에서 ☐☐ 을 깔끔하게 정리했다.

화 **頭**
말씀 話

뜻 이야기가 **처음** 시작되는 부분.

예문 회장이 급식 당번 문제를 ☐☐ 로 던졌다.

＊이 어휘에서는 '처음'의 뜻으로 써요.

선 **頭**
먼저 先

뜻 행렬이나 무리의 **맨 앞**, 또는 **맨 앞**에 서는 사람. 비 앞장

예문 사람들 중에서 ☐☐ 에 있는 아이가 내 동생이야.

＊이 어휘에서는 '맨 앞'의 뜻으로 써요.

1 다음 글 안에 있는 한자의 뜻과 소리를 쓰세요.

> 화**頭**를 돌려서 다른 이야기를 해 보자.

(뜻) _____

(소리) _____

2 빈칸에 들어갈 한자 어휘를 글자 카드에서 찾아 만들어 쓰세요.

| 두 | 발 | 선 | 통 |

(1) 어제부터 감기 기운도 있고 (   )도 있는 것 같아요.

(2) 마라톤 대회에서 우리나라 선수가 (   )을/를 달리고 있다.

3 밑줄 친 부분과 바꾸어 쓸 수 있는 한자 어휘에 ○ 하세요.

> 군대에 가기 위해 머리털을 짧게 깎았다.

| 두발 | 선발 |

어휘추론!

4 다음 한자 어휘 중 '頭'가 쓰인 것에 ✔ 하세요.

☐ ① 두유 ➤ 물에 불린 콩을 갈아서 만든 음료.

☐ ② 두건 ➤ 헝겊이나 천 등으로 만든 머리에 쓰는 물건.

✦ 한자의 뜻과 소리를 읽어 보세요.

身

(뜻) 몸   (소리) 신

＊'몸'의 뜻이 있어요.

아기를 밴 여자의 몸을 본뜬 글자예요.

✦ 한자 어휘를 소리 내 읽어 보고 빈칸에 한자 어휘를 쓰세요.

身 장 긴 長

(뜻) 사람이나 동물이 똑바로 섰을 때에 발바닥에서 머리 끝에 이르는 **몸**의 길이. (비) 키

(예문) 동생이 나보다 ☐☐ 이 크다.

변 身 변할 變

(뜻) **몸**의 모양이나 태도 등을 바꿈, 또는 그렇게 바꾼 **몸**.

(예문) 이 로봇은 자동차로 ☐☐ 이 가능하다.

피 身 피할 避

(뜻) 위험을 피하여 **몸**을 숨김. (비) 대피

(예문) 전쟁이 나서 안전한 곳으로 ☐☐ 을 갔다.

헌 身 드릴 獻

(뜻) **몸**과 마음을 바쳐 있는 힘을 다함. (비) 공헌

(예문) 소방관들의 ☐☐ 으로 우리가 안전하게 살 수 있다.

1 다음 글 안에 있는 한자의 뜻과 소리를 쓰세요.

누나는 **身**장이 작다.

뜻 _____

소리 _____

2 빈칸에 들어갈 한자 어휘에 ○ 하세요.

아빠: 머리 모양이 달라졌구나!

지우: 네. [ ]을 하고 싶어서 짧게 잘랐어요.

변신
- - - - - - -
최신

3 다음 뜻을 가진 한자 어휘를 초성을 참고하여 빈칸에 쓰세요.

(1) 위험을 피하여 몸을 숨김. ── | ㅍ | ㅅ |

(2) 몸과 마음을 바쳐 있는 힘을 다함. ── | ㅎ | ㅅ |

어휘 추론!

도움말 다른 하나는 '새 신(新)'을 써요.

4 다음 문장을 읽고 '**身**'이 쓰인 한자 어휘가 들어 있는 문장에 ✔ 하세요.

[ ] ① 목걸이와 팔찌 같은 장신구로 멋을 냈다.

[ ] ② 신제품을 개발하기 위해 밤낮으로 노력하였다.

✦ 한자의 뜻과 소리를 읽어 보세요.

뜻 소리
몸 체

＊'몸'의 뜻이 있어요.
＊'물체'의 뜻도 있어요.

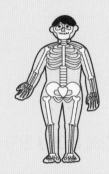

뼈(骨)가 모여 있는 몸을 나타낸 글자예요.

✦ 한자 어휘를 소리 내 읽어 보고 빈칸에 한자 어휘를 쓰세요.

體 력
힘 力

뜻 **몸**의 힘이나 기운.

예문 나는 ☐☐ 을 기르려고 매일 운동을 한다.

신 體
몸 身

뜻 사람의 **몸**. 🔵 육체

예문 나는 ☐☐ 가 튼튼한 편이다.

體 험
시험 驗

뜻 **몸**으로 직접 겪음, 또는 그런 경험. 🔵 경험

예문 떡 박물관에서 떡 만들기 ☐☐ 을 했다.

매 體
중매 媒

뜻 어떤 사실을 널리 전달하는 **물체**나 수단.

예문 ☐☐ 에는 신문, 텔레비전 등이 있다.

＊이 어휘에서는 '물체'의 뜻으로 써요.

1 다음 글 안에 있는 한자의 뜻과 소리를 쓰세요.

> 행복 초등학교 3학년 학생들은 지난 금요일에 농촌 마을로 **體**험 활동을 다녀왔다.

뜻 _____

소리 _____

2 빈칸에 들어갈 한자 어휘에 ○ 하세요.

> 스마트폰과 같은 새로운 [　　　]들이 생겨나 우리 생활은 더욱 편리해졌어요.

매체
- - - - - -
신체

3 다음 뜻을 가진 한자 어휘를 초성을 참고하여 빈칸에 쓰세요.

(1) | 사람의 몸. | ㅅ ㅊ

(2) | 몸의 힘이나 기운. | ㅊ ㄹ

어휘추론!

도움말 다른 하나는 '잡을 체(逮)'를 써요.

4 다음 문장을 읽고 '體'가 쓰인 한자 어휘가 들어 있는 문장에 ✓ 하세요.

[　] ① 경찰들은 범인 체포에 온 힘을 기울였습니다.

[　] ② 바람이 많이 불어 체감 온도는 영하 10도까지 떨어지겠습니다.

✦ 한자의 뜻과 소리를 읽어 보세요.

育

(뜻) (소리)
기를 육

*'기르다, 자라다'의 뜻이 있어요.

아이를 낳아 기르는 모습을 나타낸 글자예요.

✦ 한자 어휘를 소리 내 읽어 보고 빈칸에 한자 어휘를 쓰세요.

育 아
아이 兒

(뜻) 어린아이를 돌보고 **기름**.

(예문) 요즘에는 □□ 일기를 쓰는 아버지도 있다.

교 **育**
가르칠 敎

(뜻) 지식, 기술 등을 가르치며 인격을 **길러** 줌.   (비) 가르침

(예문) 학교는 우리가 □□ 을 받는 곳이에요.

훈 **育**
가르칠 訓

(뜻) 성품이나 도덕 등을 가르쳐 **기름**.

(예문) 아이를 칭찬하는 것도 좋은 □□ 방법이다.

발 **育**
필 發

(뜻) 생물체가 **자라남**.   (비) 발달

(예문) 시금치는 성장기 어린이의 □□ 에 좋다.

1 다음 글 안에 있는 한자의 뜻과 소리를 쓰세요.

오늘 학교 폭력 예방 교**育**을 받았어요.

뜻 _____

소리 _____

2 빈칸에 들어갈 한자 어휘를 <보기>에서 찾아 차례대로 쓰세요.

보기

근육   발견   발육   훈육

동생은 편식이 무척 심해요. 부모님은 편식 때문에 동생의 신체 (   )이 더디
다고 생각하세요. 동생은 장난감을 사 달라고 떼도 자주 써요. 부모님은 동생을 어떻게
(   )해야 할지 고민하고 계세요.

3 밑줄 친 부분의 뜻을 가진 한자 어휘에 ○ 하세요.

한 프로그램에 전문가들이 나와 <u>어린아이를 돌보고 기르는</u> 문제에
대해 토론하고 있어요.

아동
- - - - - - -
육아

어휘 추론!

도움말 다른 하나는 '고기 육(肉)'을 써요.

4 다음 문장을 읽고 '育'이 쓰인 한자 어휘가 들어 있는 문장에 ✓ 하세요.

☐ ① 오늘 <u>체육</u> 시간에 배구를 배웠어요.

☐ ② 나는 채식보다는 <u>육식</u>을 즐겨 먹어요.

월   일

✦ 한자의 뜻과 소리를 읽어 보세요.

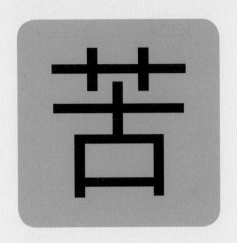

뜻   소리

쓸   고

* '쓰다, 괴롭다'의 뜻이 있어요.

쓴 풀(++)처럼 맛이 쓰거나 마음이 괴로운 것을 나타낸 글자예요.

✦ 한자 어휘를 소리 내 읽어 보고 빈칸에 한자 어휘를 쓰세요.

苦 배
잔 杯

뜻   **쓰라린** 경험을 비유적으로 이르는 말.

예문   예선에서 탈락하는 ☐☐ 를 맛보았다.

苦 통
아플 痛

뜻   몸이나 마음의 **괴로움**과 아픔.

예문   마취를 해서 ☐☐ 을 느끼지 못했다.

苦 민
답답할 悶

뜻   마음속에 걱정거리가 있어 **괴로워하고** 계속 신경 씀. 비 걱정

예문   혼자 힘들어하지 말고 ☐☐ 이 있으면 털어놔.

苦 난
어려울 難

뜻   **괴로움**과 어려움.

예문   ☐☐ 을 극복하고 힘을 냅시다!

1 다음 글 안에 있는 한자의 뜻과 소리를 쓰세요.

> 링컨은 아홉 번이나 선거에서 떨어지는 **苦**배를 마셨다.

뜻 _____

소리 _____

2 빈칸에 들어갈 한자 어휘를 <보기>에서 찾아 쓰세요.

보기

고민	고배	고통	노고

(1) 임금은 굶주림에 (　　　　　　)받는 백성들을 불쌍히 여겼다.

(2) 학원에 가야 할지 가지 말아야 할지 (　　　　　　)에 빠졌어요.

3 밑줄 친 부분의 뜻을 가진 한자 어휘에 ○ 하세요.

> 어제 가족과 함께 드라마를 보았다. 아버지의 사업 실패로 <u>괴로움과 어려움</u>을 겪고 있지만 희망을 잃지 않은 가족의 이야기였다.

고난

고민

어휘 추론!

4 다음 한자 어휘 중 '苦'가 쓰인 것에 ✔ 하세요.

☐ ① 고목 ➡ 오래된 큰 나무.

☐ ② 고충 ➡ 괴로운 마음이나 어려운 사정.

1 다음 글 안에 있는 한자의 뜻과 소리를 쓰세요.

> 줄넘기는 별다른 운동 장비 없이 좁은 공간에서 누구나 할 수 있는 운동입니다. 줄넘기를 하면 어떤 효과가 있을까요? 줄넘기는 몸 전체의 다양한 근육을 사용하기 때문에 **身體** 건강과 발**育**에 좋습니다. 그리고 짧은 시간에 많은 양의 칼로리를 소모시키기 때문에 비만으로 **苦**민하는 사람에게도 효과적입니다. 이밖에도 **頭**통을 없애는 데에도 도움이 된다고 합니다.

(1) **身** (   )　　(2) **體** (   )

(3) **育** (   )　　(4) **苦** (   )

(5) **頭** (   )

2 <보기>의 글자 카드에서 알맞은 글자를 찾아 한자 어휘를 완성하세요.

> 보기
>
> | 고 | 두 | 신 | 육 | 체 |

(1) 주말에 가족과 농장 ☐ 험 을 다녀왔다.
　　↳ **몸**으로 직접 겪음, 또는 그런 경험.

(2) 방정환은 평생을 어린이 교 ☐ 과/와 인권 보호에 힘썼다.
　　↳ 지식, 기술 등을 가르치며 인격을 **길러** 줌.

(3) 선장과 몇몇 선원들은 가라앉는 배에 끝까지 남아서 승객들의 피 ☐ 을/를 도왔다.
　　↳ 위험을 피하여 **몸**을 숨김.

3 다음 뜻과 예문에 맞는 한자 어휘를 초성을 참고하여 쓰세요.

(1)

ㅎ	ㄷ

뜻 이야기가 **처음** 시작되는 부분.
예문 회장이 학급 회의에서 자리 바꾸기 문제를 ○○로 꺼냈다.

(2)

ㅁ	ㅊ

뜻 어떤 사실을 널리 전달하는 **물체**나 수단.
예문 우리 주변에는 라디오, 텔레비전 등 다양한 ○○가 있어요.

(3)

ㄱ	ㅌ

뜻 몸이나 마음의 **괴로움**과 아픔.
예문 충치 치료를 했는데 마취가 풀리니까 ○○이 느껴졌어.

4 빈칸에 들어갈 한자 어휘에 ○ 하세요.

(1) 벽에 서서 ☐ 을 재 보았더니 작년보다 2센티미터가 컸다.

신장	심장

(2) 오늘 반 친구들과 교통안전 체험관에 가서 안전 ☐ 을 받고 왔습니다.

교육	발육

5 다음 문장을 읽고 '體'가 쓰인 한자 어휘가 들어 있는 문장을 모두 고르세요. (,   )

① 나는 체력이 약해서 조금만 뛰어도 숨이 찬다.

② 이번 사건에 관련된 사람들을 모두 체포하였다.

③ 무더위 속에 비까지 내리니까 체감 습도가 더 올라가는 것 같다.

09 생활·2

월   일

✦ 한자의 뜻과 소리를 읽어 보세요.

뜻 소리
살 주

* '살다'의 뜻이 있어요.
* '집'의 뜻도 있어요.

나는 여기에 살아요.

사람(亻)이 어딘가에 사는 것을 나타낸 글자예요.

✦ 한자 어휘를 소리 내 읽어 보고 빈칸에 한자 어휘를 쓰세요.

住 거
살 居

뜻 일정한 곳에 자리 잡고 **삶**, 또는 그런 집.   🔵 거주

예문 아파트 같은 공용 주택에 ☐☐ 하는 사람들이 많아졌다.

住 민
백성 民

뜻 일정한 지역 안에 **살고** 있는 사람.

예문 산불이 나서 ☐☐ 들이 대피하고 있어요.

이 住
옮길 移

뜻 다른 집으로 옮겨 **삶**.   🔵 이사

예문 우리 가족은 올 가을에 ☐☐ 를 계획하고 있어요.

의 식 住
옷 衣   밥/먹을 食

뜻 옷, 음식, **집**을 통틀어 이르는 말.

예문 나라마다 ☐☐☐ 문화가 달라요.

* 이 어휘에서는 '집'의 뜻으로 써요.

1 다음 글 안에 있는 한자의 뜻과 소리를 쓰세요.

각 나라마다 **住**거 문화가 달라요. 주변에서 구하기 쉬운 재료로 집을 짓기 때문이에요.

뜻 _____

소리 _____

2 빈칸에 들어갈 한자 어휘를 <보기>에서 찾아 쓰세요.

보기

의식주	이주	주민	주소

(1) 삼촌이 고향 집으로 (   )을/를 한 지 어느덧 3년이 되었다.

(2) 학교 주변에 사는 (   )들이 모여서 공사를 반대하는 시위를 했어요.

3 밑줄 친 부분의 뜻을 가진 한자 어휘를 초성을 참고하여 쓰세요.

<u>옷, 음식, 집</u>은 사람이 살아가는 데 기본적으로 필요해요. ——| ㅇ | ㅅ | ㅈ |

도움말 다른 하나는 '주인 주(主)'를 써요.

4 다음 문장을 읽고 '住'가 쓰인 한자 어휘가 들어 있는 문장에 ✓ 하세요.

[ ] ① 이곳은 고급 <u>주택</u>이 밀집되어 있다.

[ ] ② 오늘 음악회는 구청 <u>주최</u>로 열렸어요.

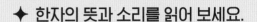

✦ 한자의 뜻과 소리를 읽어 보세요.

뜻   소리
쓸   용

* '쓰다'의 뜻이 있어요.
* '하다'의 뜻도 있어요.

종이컵을 화분으로 써야지.

종이컵을 화분으로 쓰는 것처럼 무엇을 이용하는 것을 나타낸 글자예요.

✦ 한자 어휘를 소리 내 읽어 보고 빈칸에 한자 어휘를 쓰세요.

활 用
살 活

뜻   어떤 것의 쓰임이나 능력을 살려 **씀**.   비 사용

예문   버려진 공간을 ☐☐ 하여 화단을 만들었다.

用 어
말씀 語

뜻   어떤 분야에서 주로 **쓰는** 말.

예문   오늘 수업 시간에 컴퓨터 ☐☐ 에 대해 배웠어요.

用 지
종이 紙

뜻   어떤 일에 **쓰는** 종이.

예문   이 책을 복사하려면 복사 ☐☐ 가 필요해요.

用 건
물건 件

뜻   해야 **할** 일.   비 용무

예문   지금 바쁘니까 ☐☐ 만 간단히 말할게.

* 이 어휘에서는 '하다'의 뜻으로 써요.

1 다음 글 안에 있는 한자의 뜻과 소리를 쓰세요.

> 못쓰게 된 물건의 쓰임새를 바꾸거나 다른 것으로 다시 만들어서 쓰는 일을 재활**用**이라고 해요.

(뜻) _____

(소리) _____

2 빈칸에 들어갈 한자 어휘를 <보기>에서 찾아 쓰세요.

> 보기
>
> 비용   용건   용지   활용

(1) 다양한 공식을 (_____)하여 수학 문제를 풀었다.

(2) 투표 (_____)을/를 반으로 접어 투표함에 넣으세요.

3 밑줄 친 부분의 뜻을 가진 한자 어휘를 찾아 선을 이으세요.

(1) | <u>해야 할 일</u>이 있어서 왔습니다. | •   • ㉠ | 용건 |

(2) | 의료 분야에서 <u>주로 쓰는 말</u>은 매우 어렵다. | •   • ㉡ | 용어 |

어휘 추론!

도움말 다른 하나는 '날랠 용(勇)'을 써요.

4 다음 문장을 읽고 '用'이 쓰인 한자 어휘가 들어 있는 문장에 ✓ 하세요.

☐ ① 선생님께 솔직하게 말할 <u>용기</u>가 나지 않았다.

☐ ② 미술 <u>용품</u>을 파는 가게에서 물감과 붓을 샀어.

✦ 한자의 뜻과 소리를 읽어 보세요.

뜻 소리
지을 작

＊'짓다, 만들다'의 뜻이 있어요.
＊'일하다'의 뜻도 있어요.

사람(亻)이 무엇을 짓고 만드는 일을 나타낸 글자예요.

✦ 한자 어휘를 소리 내 읽어 보고 빈칸에 한자 어휘를 쓰세요.

作 곡
굽을 曲

뜻 음악의 곡조를 **짓는** 일.

예문 그 곡은 베토벤이 [ ][ ] 했다.

作 성
이룰 成

뜻 원고나 서류 등을 **만듦**.

예문 방학 시간표를 [ ][ ] 했어요.

作 품
물건 品

뜻 **만든** 물건. 예술 창작 활동으로 **만든** 것.

예문 한 달 전부터 만들기 시작한 [ ][ ] 을 드디어 완성했다.

作 동
움직일 動

뜻 기계 등이 움직여 **일함**, 또는 기계 등을 움직여 **일하게** 함.

예문 이 선풍기는 리모컨으로도 [ ][ ] 할 수 있다.

＊이 어휘에서는 '일하다'의 뜻으로 써요.

1 다음 글 안에 있는 한자의 뜻과 소리를 쓰세요.

> 미술 시간에 점토로 여러 가지 **作**품을 만들었습니다.

(뜻) _____

(소리) _____

2 빈칸에 들어갈 한자 어휘를 찾아 선을 이으세요.

(1) 음악 학교에 들어가 ☐ 을 배웠다. •

(2) 강낭콩이 자라는 모습을 관찰 일지에 ☐ 했다. •

• ㉠ 작곡

• ㉡ 작성

3 다음 한자 어휘의 알맞은 뜻에 ○ 하세요.

(1) | 작품 | (만든 , 버린) 물건.

(2) | 작동 | 기계 등이 움직여 일함, 또는 기계 등을 움직여 (일하게 , 정하게) 함.

어휘 추론!

도움말 다른 하나는 '어제 작(昨)'을 써요.

4 다음 문장을 읽고 '作'이 쓰인 한자 어휘가 들어 있는 문장에 ✔ 하세요.

☐ ① 우정을 주제로 짧은 글 <u>작문</u>을 하였다.

☐ ② <u>작년</u>부터 피아노를 배우기 시작했어요.

✦ 한자의 뜻과 소리를 읽어 보세요.

뜻   소리
사귈 교

＊'사귀다'의 뜻이 있어요.
＊'서로'의 뜻도 있어요.

친한 두 친구의 모습처럼 이 글자는 사람이 서로 사귀는 것을 나타내요.

✦ 한자 어휘를 소리 내 읽어 보고 빈칸에 한자 어휘를 쓰세요.

交 제
즈음 際

뜻 **사귀어** 가깝게 지냄.

예문 외국인들과 ▢▢를 하며 다양한 문화를 경험하였다.

 절 交
끊을 絶

뜻 **사귀어** 가깝게 지내던 관계를 끊음. 비 결별

예문 친구와 심하게 다툰 뒤 ▢▢를 선언했다.

交 환
바꿀 換

뜻 **서로** 바꿈. **서로** 주고받음.

예문 동전을 지폐로 ▢▢하러 은행에 갔어요.

＊이 어휘에서는 '서로'의 뜻으로 써요.

交 감
느낄 感

뜻 말로 하지 않아도 **서로**의 감정이나 생각을 느낌.

예문 우리 집 강아지와 눈빛을 주고받으며 ▢▢을 하였다.

＊이 어휘에서는 '서로'의 뜻으로 써요.

1 다음 글 안에 있는 한자의 뜻과 소리를 쓰세요.

> 그 아이와는 이제 절交할 거야.

(뜻) _____

(소리) _____

2 빈칸에 공통으로 들어갈 한자 어휘에 ○ 하세요.

> • 신랑과 신부는 서로 반지를 [　　] 하였다.
>
> • 인터넷 카페 회원들과 여러 가지 정보를 [　　] 하였다.
>
> • 외국에 사는 친구와 꾸준히 편지를 [　　] 하고 있어요.

교환
순환

3 다음 뜻을 가진 한자 어휘를 초성을 참고하여 빈칸에 쓰세요.

(1) 사귀어 가까이 지냄. — | ㄱ | ㅈ |

(2) 말로 하지 않아도 서로의 감정이나 생각을 느낌. — | ㄱ | ㄱ |

4 다음 한자 어휘 중 '交'가 쓰인 것에 ✓ 하세요.

[ ] ① 교우 ➤ 벗을 사귐, 또는 그 벗.

[ ] ② 교과서 ➤ 학교에서 어떤 과목을 가르치려고 만든 책.

✦ 한자의 뜻과 소리를 읽어 보세요.

뜻 **말씀** 소리 **화**

* '말씀(말), 이야기, 이야기하다'의 뜻이 있어요.

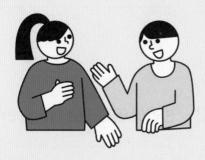

서로 말(言)을 주고받는 것을 나타낸 글자예요.

✦ 한자 어휘를 소리 내 읽어 보고 빈칸에 한자 어휘를 쓰세요.

전 話
번개 電

뜻 전화기를 이용하여 **말**을 주고받음.

예문 친구에게 할 말이 있어 ☐☐ 를 걸었어요.

話 제
제목 題

뜻 **이야기**의 제목. **이야기할** 만한 재료나 소재.

예문 글의 ☐☐ 는 '봄'으로 정했어요.

대 話
대할 對

뜻 마주 대하여 **이야기**를 주고받음, 또는 그 **이야기**.   비 담화

예문 친구랑 ☐☐ 를 통해 오해를 풀었어요.

실 話
열매 實

뜻 실제로 있는 **이야기**, 또는 실제로 있었던 **이야기**.

예문 그 이야기가 ☐☐ 라니 너무 슬펐어요.

1 다음 글 안에 있는 한자의 뜻과 소리를 쓰세요.

話제의 뉴스를 전해 드립니다.

뜻 _____

소리 _____

2 빈칸에 들어갈 한자 어휘를 <보기>에서 찾아 쓰세요.

보기

| 과제 | 실화 | 전화 | 화제 |

(1) 할머니께 ( )를 걸어 안부를 전했어요.

(2) 이 이야기는 꾸며 낸 것이 아니라 ( )다.

(3) 효주는 ( )를 돌리기 위해서 다른 이야기를 하기 시작했다.

3 밑줄 친 부분의 뜻을 가진 한자 어휘에 ○ 하세요.

다른 사람과 이야기를 주고받을 때에는 상대가 누구인지, 대화하는 목적이 무엇인지 등을 생각하며 말해야 한다.

대화
┈┈┈┈┈┈
동화

어휘 추론!

4 다음 한자 어휘 중 '話'가 쓰인 것에 ✔ 하세요.

☐ ① 화술 ➞ 말을 잘하는 재주나 기술.

☐ ② 화해 ➞ 싸움하던 것을 멈추고 서로 가지고 있던 안 좋은 감정을 풀어 없앰.

1 다음 글 안에 있는 한자의 뜻과 소리를 쓰세요.

> 행복구에 사는 **住**민 여러분! 재활용품을 활**用**하여 멋진 **作**품을 만들어 보세요. 그 어떤 것이라도 좋습니다. 만든 작품을 주민 센터로 가져오시면 쓰레기봉투와 **交**환해 드립니다. 재활용품을 활용하여 환경을 보호하고, 작품을 만들면서 가족과 대**話**도 하는 뜻깊은 시간을 가져 보세요.

(1) **住** ( )   (2) **用** ( )

(3) **作** ( )   (4) **交** ( )

(5) **話** ( )

2 가로 열쇠, 세로 열쇠를 풀어 낱말 퍼즐을 완성하세요.

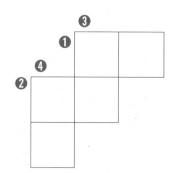

가로 열쇠

❶ 뜻 말을 잘하는 재주나 기술.
　 예문 ○○이 약해서 발표하는 데 자신이 없어.

❷ 뜻 **사귀어** 가깝게 지냄.
　 예문 부모님은 칠 년간의 ○○ 끝에 결혼했다.

세로 열쇠

❸ 뜻 **이야기할** 만한 재료나 소재.
　 예문 한국 드라마가 전 세계적으로 ○○를 모으고 있다.

❹ 뜻 벗을 **사귐**, 또는 그 벗.
　 예문 나는 준우와 유치원 때부터 ○○ 관계를 이어 오고 있다.

3 뜻풀이에 맞는 한자 어휘를 찾아 선을 이으세요.

(1) 해야 할 일. •

(2) 어떤 일에 쓰는 종이. •

(3) 다른 집으로 옮겨 삶. •

(4) 음악의 곡조를 짓는 일. •

• ㉠ 용지

• ㉡ 이주

• ㉢ 용건

• ㉣ 작곡

4 빈칸에 들어갈 한자 어휘를 <보기>에서 찾아 쓰세요.

> 보기
>
> 교환　　　　용어　　　　작동　　　　전화

(1) 에어컨이 (　　　　　)되지 않아 고쳐야 해요.

(2) 상품권을 가져오시면 같은 금액의 현금으로 (　　　　　)해 드려요.

(3) 이 사전에는 초등학생이 꼭 알아야 할 학습 (　　　　　)이/가 모두 실려 있다.

5 다음 문장을 읽고 '住'가 쓰인 한자 어휘가 들어 있는 문장을 모두 고르세요. (　　　,　　　)

① 훈이가 시에서 주최하는 백일장에서 1등을 했다.

② 우리는 옆 동네에 새로 지어진 주택으로 이사를 간다.

③ 쾌적한 주거 환경을 유지하기 위해서는 주변을 깨끗하게 정돈해야 한다.

10 나라

지난주의 한자 배운 한자를 떠올리며 빈칸에 뜻과 소리를 쓰세요.

住　　用　　作　　交　　話

___　　___　　___　　___　　___

월   일

✦ 한자의 뜻과 소리를 읽어 보세요.

뜻 · 소리
임금 왕

*'임금'의 뜻이 있어요.

힘이 세고 위엄 있는 임금을 나타낸 글자예요.

✦ 한자 어휘를 소리 내 읽어 보고 빈칸에 한자 어휘를 쓰세요.

 관
갓 冠

뜻 **임금**이 머리에 쓰는 관.

예문 임금은 머리에 황금 ☐☐ 을 썼어요.

 권
권세 權

뜻 **임금**이 지니고 있는 힘이나 권리.

예문 ☐☐ 을 더 강하게 하기 위해 많은 노력을 하였다.

 궁
집 宮

뜻 **임금**이 사는 궁전.   궁궐, 대궐

예문 여기는 옛날 왕이 살았던 ☐☐ 이 있었던 곳이다.

 릉
언덕 陵

뜻 **임금**의 무덤.

예문 무령왕릉은 백제의 대표적 ☐☐ 입니다.

1 다음 글 안에 있는 한자의 뜻과 소리를 쓰세요.

> 경복궁, 창경궁, 창덕궁, 덕수궁, 경희궁은 모두 조선 시대
> **王**들이 살았던 **王**궁이에요.

뜻 _____

소리 _____

2 빈칸에 들어갈 한자 어휘를 초성을 참고하여 쓰세요.

> 왕은 머리에 [ ]을/를 쓰고 행사에 참여했어요.

ㅇ ㄱ

3 밑줄 친 부분의 뜻을 가진 한자 어휘에 ○ 하세요.

> 주말에 가족과 함께 공주로 여행을 갔어요. 공주에는
> 아주 큰 ①왕의 무덤이 있었어요. 그 무덤의 주인은
> 백제의 왕인 무령왕이었어요. ②왕의 힘이 셀수록
> 무덤이 컸대요.

① 왕국 : 왕릉

② 왕권 : 왕자

어휘추론!

도움말 다른 하나는 '갈 왕(往)'을 써요.

4 다음 문장을 읽고 '王'이 쓰인 한자 어휘가 들어 있는 문장에 ✔ 하세요.

[ ] ① 고종은 12살에 왕위에 올랐다.

[ ] ② 우리 집에서 은행까지 왕복 거리는 100미터이다.

월   일

✦ 한자의 뜻과 소리를 읽어 보세요.

뜻   소리

백성   민

* '백성, 국민, 사람'의 뜻이 있어요.

나라의 근본이 되는 국민인 백성을 나타낸 글자예요.

✦ 한자 어휘를 소리 내 읽어 보고 빈칸에 한자 어휘를 쓰세요.

民 요
노래 謠

> 뜻 **백성**들 사이에서 전해 내려오는 노래.
>
> 예문 음악 시간에 「아리랑」이라는 ☐☐ 를 배웠어요.

民 심
마음 心

> 뜻 일반 **국민**의 생각과 마음. 🔵비 인심
>
> 예문 후보자는 ☐☐ 을 얻기 위해 노력했어요.

民 주
주인 主

> 뜻 주권이 **국민**에게 있음.
>
> 예문 토론은 ☐☐ 사회의 기본이다.

빈 民
가난할 貧

> 뜻 가난한 **사람**.
>
> 예문 슈바이처는 아프리카 ☐☐ 을 위해 일생을 바쳤다.

1 다음 글 안에 있는 한자의 뜻과 소리를 쓰세요.

지역별로 전해 내려오는 **民**요가 달라요.

뜻 _____

소리 _____

2 빈칸에 들어갈 한자 어휘에 ○ 하세요.

국민이 주인인 ☐ 국가를 만들기 위해서는 국민들이 정치에 참여하는 게 중요해요.

거주
- - - - - -
민주

3 밑줄 친 부분의 뜻을 가진 한자 어휘에 ○ 하세요.

(1) 그는 국민들의 마음을 잘 헤아린 대통령으로 평가받고 있다.

동심 | 민심

(2) 홍길동은 행실이 바르지 못한 관리들의 재물을 빼앗아 가난한 사람에게 나누어 주었다.

빈민 | 평민

4 다음 한자 어휘의 예문을 읽어 보고 뜻에 알맞은 말에 ○ 하세요.

국민

예문 모든 국민들이 한마음이 되어 우리나라 선수들을 응원했다.

뜻 한 나라를 구성하는 (땅 , 사람).

월　　일

✦ 한자의 뜻과 소리를 읽어 보세요.

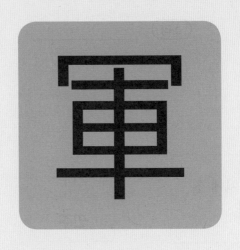

（뜻）（소리）

군사 군

* '군대, 군인'의 뜻이 있어요.

전차(車) 주위에서 군사가 싸우는 모습을 나타낸 글자예요. 군사는 군대, 군인을 말해요.

✦ 한자 어휘를 소리 내 읽어 보고 빈칸에 한자 어휘를 쓰세요.

軍인
사람 人

（뜻） **군대**에 속하여 훈련을 받고 일정한 임무를 맡아 하는 사람.

（예문） 삼촌은 이제 곧 ☐☐ 이 돼요.

행軍
다닐 行

（뜻） 여러 사람이나 **군대**가 줄을 지어 먼 거리를 이동하는 일.

（예문） 끝없는 ☐☐ 에 병사들이 지쳤어요.

해軍
바다 海

（뜻） 주로 바다에서 임무를 수행하는 **군대**. 🔵 수군

（예문） 우리 이모는 바다를 지키는 ☐☐ 이다.

軍화
신 靴

（뜻） 전투하기 편리하게 만든, **군인**이 신는 신발.

（예문） 한 군인이 ☐☐ 끈을 묶고 있다.

1 다음 글 안에 있는 한자의 뜻과 소리를 쓰세요.

신발장에 놓여 있는 **軍**화를 보고 군대에 간 형이 휴가를
나온 것을 알았다.

(뜻) _____

(소리) _____

2 빈칸에 들어갈 한자 어휘에 ○ 하세요.

서율: 주환아, 너희 아빠 직업은 뭐니?
주환: 국가의 안전, 국민의 생명과 재산을 보호하는 일을 하시는
　　　[　　]이야.

군인
- - - - - - - -
상인

3 다음 뜻을 가진 한자 어휘를 초성을 참고하여 빈칸에 쓰세요.

(1) 주로 바다에서 임무를 수행하는 군대.　　　| ㅎ | ㄱ |

(2) 여러 사람이나 군대가 줄을 지어 먼 거리를 이동하는 일.　| ㅎ | ㄱ |

어휘 추론!

도움말 다른 하나는 '무리 군(群)'을 써요.

4 다음 문장을 읽고 '軍'이 쓰인 한자 어휘가 들어 있는 문장에 ✔ 하세요.

[　] ① 군인들이 <u>군가</u>를 씩씩하게 부르고 있다.

[　] ② 뮤지컬 배우들이 추는 <u>군무</u>가 무척 멋져요.

✦ 한자의 뜻과 소리를 읽어 보세요.

(뜻)   (소리)
한국   한

* '한국'의 뜻이 있어요.

햇빛이 찬란하게 비치는 대한민국(한국)을 나타내는 글자예요.

✦ 한자 어휘를 소리 내 읽어 보고 빈칸에 한자 어휘를 쓰세요.

| 韓 복
옷 服 | 뜻 | **한국**의 전통 의복. 반 양복 |
| | 예문 | 전주에서 ☐☐ 입기 체험을 했어요. |

| 韓 식
밥/먹을 食 | 뜻 | **한국** 고유의 음식이나 식사. 반 양식 |
| | 예문 | 아빠는 양식보다 ☐☐ 을 더 좋아하세요. |

| 韓 화
재물 貨 | 뜻 | **한국** 돈. |
| | 예문 | 달러를 ☐☐ 로 바꿨어요. |

| 방 韓
찾을 訪 | 뜻 | **한국**을 방문함. 비 내한 |
| | 예문 | 미국 대통령이 ☐☐ 을 했어요. |

1 다음 글 안에 있는 한자의 뜻과 소리를 쓰세요.

> 할아버지 생신을 맞이해 맛있기로 소문난 **韓**식당에서 가족 모임을 했다.

(뜻) _____

(소리) _____

2 빈칸에 들어갈 한자 어휘를 <보기>에서 찾아 차례대로 쓰세요.

> 보기
>
> 방한   방해   한복   환복

> 미국의 한 유명 가수가 어제 인천 국제공항을 통해 (   )했다. 그 가수는 인터뷰에서 한국의 전통 의복인 (   )을/를 입어 보고 싶다고 했다.

3 밑줄 친 부분과 바꾸어 쓸 수 있는 한자 어휘에 ○ 하세요.

> 은행에서 중국 돈을 <u>한국 돈</u>으로 바꾸었어요.

| 외화 | 한화 |

어휘 추론!

도움말 다른 하나는 '찰 한(寒)'을 써요.

4 다음 문장을 읽고 '**韓**'이 쓰인 한자 어휘가 들어 있는 문장에 ✔ 하세요.

☐ ① 오랫동안 비어 있던 방이라 그런지 방에서 <u>한기</u>가 느껴졌다.

☐ ② 나는 지금 살고 있는 아파트로 이사 오기 전에 오래된 <u>한옥</u>에서 살았다.

✦ 한자의 뜻과 소리를 읽어 보세요.

뜻 **나라**   소리 **국**

＊'나라'의 뜻이 있어요.

각 나라에 다양한 사람들이 살고 있어요. 이 글자는 나라를 나타내요.

✦ 한자 어휘를 소리 내 읽어 보고 빈칸에 한자 어휘를 쓰세요.

國 산 낳을 産

뜻 자기 **나라**에서 생산함, 또는 그 물건.   비 국산품   반 외국산

예문 ☐☐ 자동차를 외국으로 수출해요.

國 화 꽃 花

뜻 **나라**를 상징하는 꽃.

예문 자기 나라를 상징하는 식물을 ☐☐로 삼고 있다.

國 토 흙 土

뜻 **나라**의 땅.

예문 우리나라는 ☐☐의 삼면이 바다로 둘러싸여 있다.

國 경 일 경사 慶   날 日

뜻 **나라**의 경사를 기념하기 위해 법으로 정한 날.

예문 삼일절은 우리나라 ☐☐☐ 중 하나이다.

1 다음 글 안에 있는 한자의 뜻과 소리를 쓰세요.

 우리나라의 **國**화는 무궁화입니다.

뜻 _____

소리 _____

2 빈칸에 들어갈 한자 어휘에 ○ 하세요.

(1) 수입 김치를 ☐ 김치로 속인 사람들이 붙잡혔습니다.

| 국산 | 생산 |

(2) 독도는 역사적으로 봐도 우리의 ☐ 임이 확실합니다.

| 국토 | 풍토 |

3 밑줄 친 부분과 바꾸어 쓸 수 있는 한자 어휘를 쓰세요.

나라의 경사를 기념하기 위해 법으로 정한 날에는 집집마다 태극기를 달아요.

(   )

4 다음 한자 어휘의 예문을 읽어 보고 뜻에 알맞은 말에 ○ 하세요.

순국

예문 현충일은 나라를 지키다가 <u>순국</u>하신 분들을 기리는 날이다.

뜻 (나라 , 친구)를 위하여 목숨을 바침.

Day 46~50 다지기

1 다음 글 안에 있는 한자의 뜻과 소리를 쓰세요.

(1) 오늘은 **韓**옥을 체험하는 날이다. ( )

(2) 우리나라의 **國**화인 무궁화를 심읍시다. ( )

(3) 큰 색종이로 **王**관을 접어 머리에 썼어요. ( )

(4) **民**요에는 백성들의 생각과 감정이 담겨 있다. ( )

(5) 도로 곳곳에 총을 멘 **軍**인들이 서 있었습니다. ( )

2 <보기>의 글자 카드에서 알맞은 글자를 찾아 한자 어휘를 완성하세요.

보기

| 군 | 민 | 복 | 빈 | 한 | 해 | 행 |

(1) 무거운 가방을 메고 [　|　] 하는 군인들을 보았다.

↳ 여러 사람이나 **군대**가 줄을 지어 먼 거리를 이동하는 일.

(2) 임금님이 [　|　] 들을 위해 곡식을 나누어 주었어요.

↳ 가난한 **사람**.

(3) 이모는 전통 혼례식장에서 [　|　] 을/를 입고 결혼식을 했어요.

↳ **한국**의 전통 의복.

(4) [　|　] 은/는 우리나라를 불법으로 침범한 외국 배를 붙잡아 돌려보냈다.

↳ 주로 바다에서 임무를 수행하는 **군대**.

3 다음 뜻과 예문에 맞는 한자 어휘를 글자판에서 찾아 묶으세요.

① 뜻 자기 **나라**에서 생산함, 또는 그 물건.
예문 외국에서 ○○ 자동차를 보니 반가웠다.

② 뜻 **임금**의 무덤.
예문 경주 시내에는 곳곳에 ○○이 있다.

③ 뜻 일반 **국민**의 생각과 마음.
예문 세종 대왕은 ○○을 헤아리기 위해 노력하였다.

④ 뜻 **한국**을 방문함.
예문 독일 총리가 ○○했어요.

국	토	륜	장
산	방	왕	릉
속	한	증	가
생	각	민	심

4 빈칸에 들어갈 한자 어휘에 ○ 하세요.

(1) 미국 돈 1달러를 [   ]로 바꾸었더니 1300원이 조금 넘었다.

한지	한화

(2) 고려 시대 왕들은 [   ]을 강화하기 위해 여러 제도를 만들었어요.

왕궁	왕권

5 다음 문장을 읽고 '國'이 쓰인 한자 어휘가 들어 있는 문장을 모두 고르세요. (,   )

① 정부는 <u>국토</u> 개발 계획을 세웠어요.

② 배탈이 나서 약을 사러 <u>약국</u>에 갔어요.

③ 광복절은 우리나라의 광복을 기념하는 <u>국경일</u>이에요.

오늘도 한 뼘 자랐습니다

어휘를 정복하는
한자의 힘

- 정답 및 해설
- 한자 음으로 찾아보기

Day 01 · 11쪽

1 일백, 백   2 (1) - ㉡, (2) - ㉠   3 백번   4 ①

도움말 4 '百'이 쓰인 한자 어휘는 '온갖 수단과 방법.'이라는 뜻의 '백방'입니다. '눈이나 우유와 같은 밝은 색.'이라는 뜻을 가진 '백색'에는 '白(흰 백)'이 쓰였습니다.

Day 02 · 13쪽

1 일천, 천   2 천만, 수천   3 천금   4 ②

도움말 4 '千'이 쓰인 한자 어휘는 '무게가 천 근이나 만 근이 될 정도로 아주 무거움.'이라는 뜻의 '천근만 근'입니다. '강과 시내.'라는 뜻을 가진 '하천'에는 '川(내 천)'이 쓰였습니다.

Day 03 · 15쪽

1 일만, 만   2 (1) - ㉡, (2) - ㉠   3 만국기   4 모든

도움말 4 '만병통치(萬病通治)'는 '萬(일만 만)'이 들어 있는 한자 어휘로 '한 가지 처방으로 모든 병을 다 고 침.'이라는 뜻입니다.

Day 04 · 17쪽

1 셈, 산   2 (1) 예산 (2) 승산   3 가산   4 ①

도움말 4 '算'이 쓰인 한자 어휘는 '잘못 계산함, 또는 잘못된 계산.'이라는 뜻의 '오산'입니다. '운동이나 놀 이 등의 목적으로 산에 올라감.'이라는 뜻을 가진 '등산'에는 '山(메 산)'이 쓰였습니다.

Day 05 · 19쪽

1 셈, 수   2 (1) - ㉠, (2) - ㉡   3 다수결   4 ①

도움말 4 '數'가 쓰인 한자 어휘는 '어떤 수를 다른 수로 나눈 것을 분자와 분모로 나타낸 것.'이라는 뜻의 '분수'입니다. '교사가 학생에게 지식이나 기술을 가르쳐 줌.'이라는 뜻을 가진 '수업'에는 '授(줄 수)'가 쓰였습니다.

다지기 · 20~21쪽

1 (1) 일천 천 (2) 일만 만 (3) 일백 백 (4) 셈 산 (5) 셈 수   2 (1) 다수결 (2) 천금 (3) 예산 (4) 백일   3 (1) 만국기 (2) 개수 (3) 백번   4 (1) 만능 (2) 승산 (3) 만감   5 무수

도움말 5 '수영장'과 '수분'은 '水(물 수)'가 쓰인 한자 어휘입니다.

Day 06

25쪽

1 바람, 풍　　2 (1) 소풍 (2) 풍습　　3 풍향　　4 ①

도움말 4 '風'이 쓰인 한자 어휘는 '바람과 물결.'이라는 뜻의 '풍랑'입니다. '농사가 잘되어 다른 때보다 수확이 많은 일, 또는 그렇게 지은 농사.'라는 뜻을 가진 '풍작'에는 '豊(풍년 풍)'이 쓰였습니다.

Day 07

27쪽

1 눈, 설　　2 대설　　3 (1) 씻음 (2) 눈　　4 ①

도움말 4 '雪'이 쓰인 한자 어휘는 '쌓인 눈을 치움, 또는 그런 일.'이라는 뜻의 '제설'입니다. '설명'은 '어떤 것을 남에게 알기 쉽게 풀어 말함, 또는 그런 말.'이라는 뜻으로, '說(말씀 설)'이 쓰였습니다.

Day 08

29쪽

1 돌, 석　　2 석기　　3 ① 석공 ② 석탑　　4 ②

도움말 4 '石'이 쓰인 한자 어휘는 '돌을 조각하여 만든 사람이나 동물의 모양.'이라는 뜻의 '석상'입니다. '저녁때의 햇빛, 또는 저녁때의 지는 해.'라는 뜻의 '석양'에는 '夕(저녁 석)'이 쓰였습니다.

Day 09

31쪽

1 풀, 초　　2 해초　　3 (1) - ⓛ, (2) - ㉠　　4 ②

도움말 4 '草'가 쓰인 한자 어휘는 '가축의 먹이가 되는 풀.'이라는 뜻의 '목초'입니다. '다른 사람에게 어떤 자리, 모임, 행사 등에 와 달라고 요청함.'이라는 뜻을 가진 '초대'에는 '招(부를 초)'가 쓰였습니다.

Day 10

33쪽

1 꽃, 화　　2 화단　　3 (1) - ⓛ, (2) - ㉠　　4 ①

도움말 4 '花'가 쓰인 한자 어휘는 '꽃을 심어 가꾸는 그릇.'이라는 뜻의 '화분'입니다. '말소리를 전파나 전류로 보내 멀리 떨어져 있는 사람이 서로 이야기할 수 있게 만든 기계.'라는 뜻의 '전화기'에는 '話(말씀 화)'가 쓰였습니다.

다지기

34~35쪽

1 (1) 바람 풍 (2) 눈 설 (3) 돌 석 (4) 꽃 화 (5) 풀 초　　2 ① 해초 ② 낙화 ③ 소풍 ④ 대설
3 (1) - ㉣, (2) - ⓛ, (3) - ㉢, (4) - ㉠　　4 (1) 개화 (2) 초식 (3) 설욕　　5 초과

도움말 5 '일정한 기준을 넘음.'이라는 뜻을 가진 '초과'에는 '超(뛰어넘을 초)'가 쓰였습니다.

Day 11

39쪽

1 봄, 춘   2 춘곤증   3 (1) 춘산 (2) 춘풍   4 봄

도움말 4 '입춘(立春)'에 쓰인 '춘'은 '春(봄 춘)'입니다. 따라서 '입춘(立春)'은 봄이 시작되는 날임을 알 수 있습니다.

Day 12

41쪽

1 여름, 하   2 (1) - ㉡, (2) - ㉠   3 (1) 여름 (2) 긴   4 ②

도움말 4 '夏'가 쓰인 한자 어휘는 '여름철 기간.'이라는 뜻의 '하절기'입니다. '공부를 끝내고 학교에서 집으로 돌아옴.'이라는 뜻을 가진 '하교'에는 '下(아래 하)'가 쓰였습니다.

Day 13

43쪽

1 가을, 추   2 (1) 추곡 (2) 추수   3 (1) 추수 (2) 입추   4 ①

도움말 4 '秋'가 쓰인 한자 어휘는 '춘추복'입니다. '춘추복'은 '봄철과 가을철에 입는 옷.'이라는 뜻입니다. '나중에 더 보탬.'이라는 뜻을 가진 '추가'에는 '追(쫓을 추)'가 쓰였습니다.

Day 14

45쪽

1 겨울, 동   2 동지   3 (1) - ㉡, (2) - ㉠   4 ①

도움말 4 '冬'이 쓰인 한자 어휘는 '봄, 여름, 가을, 겨울의 네 계절.'이라는 뜻의 '춘하추동'입니다. '얼었던 것이 녹아서 풀림, 또는 그렇게 하게 함.'이라는 뜻의 '해동'은 '凍(얼 동)'이 쓰인 한자 어휘입니다.

Day 15

47쪽

1 빛, 광   2 (1) 광택 (2) 광명   3 (1) 빛 (2) 빛   4 ①

도움말 4 '光'이 쓰인 한자 어휘는 '진공 상태에서의 빛의 속도.'라는 뜻의 '광속'입니다. '많은 사람이 모이는 도시 가운데에 있는 넓은 곳.'이라는 뜻을 가진 '광장'에는 '廣(넓을 광)'이 쓰였습니다.

다지기

48~49쪽

1 (1) 겨울 동 (2) 봄 춘 (3) 여름 하 (4) 빛 광 (5) 가을 추   2 (1) 동면 (2) 추석 (3) 영광
3 (1) 춘곤증 (2) 하복 (3) 광택   4 ❶ 청춘 ❷ 추수 ❸ 춘추복   5 광

도움말 5 빈칸에 '광'을 넣어 '광속, 광명, 광합성'이라는 낱말을 만들 수 있습니다.

04. 집

Day 16 53쪽	1 집, 가	2 가업	3 (1) 가훈 (2) 가축	4 ①

도움말 4 '집으로 돌아가거나 돌아옴.'이라는 뜻의 '귀가'에 '家'가 쓰였습니다. '모임이나 단체 또는 일에 관계하여 들어감.'이라는 뜻을 가진 '참가'는 '加(더할 가)'가 쓰인 한자 어휘입니다.

Day 17 55쪽	1 집, 실	2 실내	3 (1) 병실 (2) 입실	4 ①

도움말 4 '室'이 쓰인 한자 어휘는 '목욕할 수 있도록 시설을 갖춘 방.'이라는 뜻의 '욕실'입니다. '실험'은 '과학에서, 이론이나 현상을 관찰하고 측정함.'이라는 뜻으로, '實(열매 실)'이 쓰였습니다.

Day 18 57쪽	1 문, 문	2 (1) 수문 (2) 창문	3 정문	4 ②

도움말 4 '사람이 출입할 때에 자동적으로 열리고 닫히는 문.'이라는 뜻의 '자동문'에 '門'이 쓰였습니다. '알고자 하는 바를 얻기 위해 물음.'이라는 뜻을 가진 '질문'에는 '問(물을 문)'이 쓰였습니다.

Day 19 59쪽	1 집, 당	2 (1) 식당 (2) 서당	3 (1) 근친 (2) 장소	4 ②

도움말 4 '堂'이 쓰인 한자 어휘는 '천주교의 종교 의식이 행해지는 집.'이라는 뜻의 '성당'입니다. '말로 단단히 부탁함, 또는 그런 부탁.'이라는 뜻을 가진 '당부'에는 '當(마땅 당)'이 쓰였습니다.

Day 20 61쪽	1 마당, 장	2 운동장	3 (1) 광장 (2) 퇴장	4 ②

도움말 4 '場'이 쓰인 한자 어휘는 '연극이나 음악, 무용 등을 공연하거나 영화를 상영하기 위한 시설을 갖춘 곳.'이라는 뜻의 '극장'입니다. '길이나 시간, 거리 등을 본래보다 길게 늘임.'이라는 뜻을 가진 '연장'에는 '長(긴 장)'이 쓰였습니다.

다지기 62~63쪽
1 (1) 집 가 (2) 집 실 (3) 문 문 (4) 집 당 (5) 마당 장　2 (1) 병실 (2) 서당 (3) 가업
3 ① 개장 ② 거실 ③ 정문 ④ 가훈　4 (1) 강당 (2) 수문　5 ②, ③

도움말 5 '퇴장'과 '광장'이 '場(마당 장)'이 쓰인 한자 어휘입니다.

Day 21

67쪽

1 힘, 력(역)　　**2** (1) - ⓒ, (2) - ㉠　　**3** 협력　　**4** ②

도움말 **4** '力'이 쓰인 한자 어휘는 '모든 힘.'이라는 뜻의 '전력'입니다. '인간 사회가 시간이 지남에 따라 흥하고 망하면서 변해 온 과정, 또는 그 기록.'이라는 뜻을 가진 '역사'는 '歷(지날 력(역))'이 쓰인 한자 어휘입니다.

Day 22

69쪽

1 기운, 기　　**2** 생기　　**3** (1) - ⓒ, (2) - ㉠　　**4** ②

도움말 **4** '氣'가 쓰인 한자 어휘는 '공기의 흐름.'이라는 뜻의 '기류'입니다. '기장'은 '비행기 승무원들 가운데 가장 지위가 높은 책임자.'라는 뜻으로, '機(틀 기)'가 쓰인 한자 어휘입니다.

Day 23

71쪽

1 늙을, 로(노)　　**2** (1) 노화 (2) 노령　　**3** 노약자　　**4** ②

도움말 **4** '老'가 쓰인 한자 어휘는 '늙어서 몸의 기운이 약함.'이라는 뜻의 '노쇠'입니다. '노선'은 '버스, 기차, 비행기 등이 정기적으로 오가는 두 지점 사이의 정해진 길.'이라는 뜻으로, '路(길 로(노))'가 쓰였습니다.

Day 24

73쪽

1 효도, 효　　**2** (1) - ⓒ, (2) - ㉠　　**3** (1) 효행 (2) 불효　　**4** ①

도움말 **4** '孝'가 쓰인 한자 어휘는 '부모를 잘 섬기는 아들.'이라는 뜻의 '효자'입니다. '어떠한 것을 하여 얻어지는 좋은 결과.'라는 뜻을 가진 '효과'에는 '效(본받을 효)'가 쓰였습니다.

Day 25

75쪽

1 장인, 공　　**2** (1) 가공 (2) 공사　　**3** 공구　　**4** ②

도움말 **4** '자연적인 것이 아니라 사람의 힘으로 만들어 낸 것.'이라는 뜻을 가진 '인공'에 '工'이 쓰였습니다. '공유'에는 '共(한가지 공)'이 쓰였습니다.

다지기

76~77쪽

1 (1) 장인 공 (2) 힘 력(역) (3) 늙을 로(노) (4) 기운 기 (5) 효도 효　　**2** ❶ 노력 ❷ 노약자 ❸ 협력　　**3** (1) - ⓒ, (2) - ㉠, (3) - ⓒ　　**4** (1) 가공 (2) 생기 (3) 실력　　**5** 인공

도움말 **5** '공휴일'과 '공원'은 '公(공평할 공)'이 쓰인 한자 어휘입니다.

Day 26

81쪽

1 모, 방　　2 (1) 지방 (2) 방법　　3 사방　　4 ②

도움말 4 '方'이 쓰인 한자 어휘는 '어떤 장소나 지역이 있는 방향.'이라는 뜻의 '방면'입니다. '그날 정해진 학교 수업이 끝남, 또는 수업을 끝냄.'이라는 뜻을 가진 '방과'에는 '放(놓을 방)'이 쓰였습니다.

Day 27

83쪽

1 향할, 향　　2 향상　　3 (1) - ⓛ, (2) - ㉠　　4 ②

도움말 4 '向'이 쓰인 한자 어휘는 '향하여 나가는 방향.'이라는 뜻의 '향방'입니다. '몸이나 옷 등에 뿌리는, 향기가 나는 액체.'라는 뜻의 '향수'는 '香(향기 향)'이 쓰인 한자 어휘입니다.

Day 28

85쪽

1 안, 내　　2 내용　　3 (1) 내전 (2) 내의　　4 ②

도움말 4 '內'가 쓰인 한자 어휘는 '생각이나 마음의 움직임이 안쪽으로 향하는 것.'이라는 뜻의 '내향적'입니다. '환자가 치료를 받기 위하여 병원에 찾아옴.'이라는 뜻의 '내원'은 '來(올 래(내))'가 쓰인 한자 어휘입니다.

Day 29

87쪽

1 바깥, 외　　2 외식　　3 (1) 교외 (2) 실외　　4 밖

도움말 4 '외출(外出)'에 쓰인 '외'는 '外(바깥 외)'입니다. 따라서 '외출'은 '집이나 회사 등에 있다가 할 일이 있어 밖에 나감.'이라는 뜻임을 알 수 있습니다.

Day 30

89쪽

1 윗, 상　　2 상류　　3 (1) 상승 (2) 정상　　4 ②

도움말 4 '눈 위에 서리가 덮인다는 뜻으로, 불행한 일이 잇따라 일어남을 이르는 말.'이라는 뜻을 가진 '설상가상(雪上加霜)'에 '上'이 쓰였습니다. '상부상조'에는 '相(서로 상)'이 쓰였습니다.

다지기

90~91쪽

1 (1) 안 내 (2) 모 방 (3) 향할 향 (4) 바깥 외 (5) 윗 상　　2 (1) 내용 (2) 외식 (3) 사방
3 (1) 실외 (2) 상의 (3) 향상　　4 (1) 취향 (2) 방법 (3) 정상　　5 ②, ③

도움말 5 '향기'는 '香(향기 향)'이 쓰인 한자 어휘입니다.

Day 31	**1** 아래, 하	**2** 하차		**3** (1) - ㉡, (2) - ㉠	**4** ②

95쪽

> 도움말 **4** '下'가 쓰인 한자 어휘는 '높은 곳에서 아래로 향하여 내려옴.'이라는 뜻의 '하강'입니다. '남의 좋은 일을 기뻐하고 즐거워한다는 뜻으로 인사함, 또는 그런 인사.'라는 뜻을 가진 '축하'에는 '賀(하례할 하)'가 쓰였습니다.

Day 32	**1** 앞, 전	**2** (1) - ㉡, (2) - ㉠	**3** 사전	**4** ①

97쪽

> 도움말 **4** '이제보다 전.'이라는 뜻의 '이전'에 '前'이 쓰였습니다. '대립하는 나라나 민족이 군대와 무기를 사용하여 서로 싸움.'이라는 뜻을 가진 '전쟁'에는 '戰(싸움 전)'이 쓰였습니다.

Day 33	**1** 뒤, 후	**2** (1) - ㉡, (2) - ㉠	**3** 후원	**4** ②

99쪽

> 도움말 **4** '後'가 쓰인 한자 어휘는 '뒤쪽으로 나아감.'이라는 뜻의 '후진'입니다. '후각'은 '냄새를 맡는 감각.'이라는 뜻으로, '嗅(맡을 후)'가 쓰였습니다.

Day 34	**1** 왼, 좌	**2** (1) - ㉡, (2) - ㉠	**3** (1) 좌회전 (2) 좌심방	**4** ②

101쪽

> 도움말 **4** '左'가 쓰인 한자 어휘는 '왼쪽으로 돌렸다 오른쪽으로 돌렸다 한다는 뜻으로, 이리저리 자기 마음대로 휘두르거나 다룸.'이라는 뜻의 '좌지우지'입니다. '좌담'에는 '座(자리 좌)'가 쓰였습니다.

Day 35	**1** 오른, 우	**2** 우측		**3** (1) 우뇌 (2) 우회전	**4** ①

103쪽

> 도움말 **4** '右'가 쓰인 한자 어휘는 '앞과 뒤, 왼쪽과 오른쪽.'이라는 뜻의 '전후좌우'입니다. '우기'는 '雨(비 우)'가 쓰인 한자 어휘입니다.

다지기	**1** (1) 뒤 후 (2) 아래 하 (3) 오른 우 (4) 왼 좌 (5) 앞 전	**2** ① 우측 ② 하의 ③ 사전 ④ 노후
	3 ❶ 전후 ❷ 후불 **4** (1) 영하 (2) 후식 (3) 전반	**5** 이전

104~105쪽

> 도움말 **5** '前'이 쓰인 한자 어휘는 '이제보다 전.'이라는 뜻의 '이전'입니다. '전설'과 '전래'에는 '傳(전할 전)'이 쓰였습니다.

Day 36

109쪽

1 머리, 두　　2 (1) 두통 (2) 선두　　3 두발　　4 ②

도움말　4 '頭'가 쓰인 한자 어휘는 '헝겊이나 천 등으로 만든 머리에 쓰는 물건.'이라는 뜻의 '두건'입니다. '두유'에는 '荳(콩 두)'가 쓰였습니다.

Day 37

111쪽

1 몸, 신　　2 변신　　3 (1) 피신 (2) 헌신　　4 ①

도움말　4 '身'이 쓰인 한자 어휘는 '몸치장을 하는 데 쓰는 물건.'이라는 뜻의 '장신구'입니다. '신제품'은 '새로 만든 물건.'이라는 뜻으로, '新(새 신)'이 쓰였습니다.

Day 38

113쪽

1 몸, 체　　2 매체　　3 (1) 신체 (2) 체력　　4 ②

도움말　4 '體'가 쓰인 한자 어휘는 '몸으로 어떤 감각을 느낌.'이라는 뜻의 '체감'입니다. '죄를 지었거나 죄를 지었을 것으로 의심되는 사람을 잡음.'이라는 뜻을 가진 '체포'에는 '逮(잡을 체)'가 쓰였습니다.

Day 39

115쪽

1 기를, 육　　2 발육, 훈육　　3 육아　　4 ①

도움말　4 '育'이 쓰인 한자 어휘는 '운동을 통해 몸을 튼튼하게 기르는 일, 또는 그런 목적으로 하는 운동.'이라는 뜻의 '체육'입니다. '음식으로 고기를 먹음, 또는 그런 식사.'라는 뜻을 가진 '육식'에는 '肉(고기 육)'이 쓰였습니다.

Day 40

117쪽

1 쓸, 고　　2 (1) 고통 (2) 고민　　3 고난　　4 ②

도움말　4 '苦'가 쓰인 한자 어휘는 '괴로운 마음이나 어려운 사정.'이라는 뜻의 '고충'입니다. '오래된 큰 나무.'라는 뜻을 가진 '고목'에는 '古(옛 고)'가 쓰였습니다.

다지기

118~119쪽

1 (1) 몸 신 (2) 몸 체 (3) 기를 육 (4) 쓸 고 (5) 머리 두　　2 (1) 체험 (2) 교육 (3) 피신
3 (1) 화두 (2) 매체 (3) 고통　　4 (1) 신장 (2) 교육　　5 ①, ③

도움말　5 '體'가 쓰인 한자 어휘는 '몸의 힘이나 기운.'을 뜻하는 '체력'과 '몸으로 어떤 감각을 느낌.'을 뜻하는 '체감'입니다. '체포'에는 '逮(잡을 체)'가 쓰였습니다.

Day 41

123쪽

1 살, 주   2 (1) 이주 (2) 주민   3 의식주   4 ①

도움말 4 '住'가 쓰인 한자 어휘는 '사람이 살 수 있도록 만든 건물.'이라는 뜻의 '주택'입니다. '주최'는 '행사나 모임을 주장하고 기획하여 엶.'이라는 뜻으로, '主(주인 주)'가 쓰였습니다.

Day 42

125쪽

1 쓸, 용   2 (1) 활용 (2) 용지   3 (1) - ㉠, (2) - ㉡   4 ②

도움말 4 '用'이 쓰인 한자 어휘는 '어떤 일이나 목적과 관련하여 쓰이는 물품.'이라는 뜻의 '용품'입니다. '씩씩하고 굳센 기운, 또는 사물을 겁내지 아니하는 기개.'라는 뜻을 가진 '용기'에는 '勇(날랠 용)'이 쓰였습니다.

Day 43

127쪽

1 지을, 작   2 (1) - ㉠, (2) - ㉡   3 (1) 만든 (2) 일하게   4 ①

도움말 4 '作'이 쓰인 한자 어휘는 '글을 지음, 또는 지은 글.'이라는 뜻의 '작문'입니다. '이해의 바로 앞의 해.'라는 뜻을 가진 '작년'에는 '昨(어제 작)'이 쓰였습니다.

Day 44

129쪽

1 사귈, 교   2 교환   3 (1) 교제 (2) 교감   4 ①

도움말 4 '交'가 쓰인 한자 어휘는 '벗을 사귐, 또는 그 벗.'을 뜻하는 '교우'입니다. '교과서'에는 '敎(가르칠 교)'가 쓰였습니다.

Day 45

131쪽

1 말씀, 화   2 (1) 전화 (2) 실화 (3) 화제   3 대화   4 ①

도움말 4 '話'가 쓰인 한자 어휘는 '말을 잘하는 재주나 기술.'이라는 뜻의 '화술'입니다. '화해'에는 '和(화할 화)'가 쓰였습니다.

다지기

132~133쪽

1 (1) 살 주 (2) 쓸 용 (3) 지을 작 (4) 사귈 교 (5) 말씀 화   2 ❶ 화술 ❷ 교제 ❸ 화제 ❹ 교우
3 (1) - ㉢, (2) - ㉠, (3) - ㉡, (4) - ㉣   4 (1) 작동 (2) 교환 (3) 용어   5 ②, ③

도움말 5 '住'가 쓰인 한자 어휘는 '사람이 살 수 있도록 만든 건물.'을 뜻하는 '주택'과 '일정한 곳에 자리 잡고 삶, 또는 그런 집.'이라는 뜻의 '주거'입니다. '주최'에는 '主(주인 주)'가 쓰였습니다.

Day 46

137쪽

1 임금, 왕　　2 왕관　　3 ① 왕릉 ② 왕권　　4 ①

도움말 4 '王'이 쓰인 한자 어휘는 '임금의 자리.'라는 뜻의 '왕위'입니다. '갔다가 돌아옴.'이라는 뜻을 가진 '왕복'에는 '往(갈 왕)'이 쓰였습니다.

Day 47

139쪽

1 백성, 민　　2 민주　　3 (1) 민심 (2) 빈민　　4 사람

도움말 4 '국민(國民)'은 '백성 민(民)'이 들어 있는 한자 어휘입니다. 따라서 '국민'은 '한 나라를 구성하는 사람.'이라는 뜻임을 알 수 있습니다.

Day 48

141쪽

1 군사, 군　　2 군인　　3 (1) 해군 (2) 행군　　4 ①

도움말 4 '軍'이 쓰인 한자 어휘는 '군대의 사기를 북돋우기 위하여 부르는 노래.'라는 뜻의 '군가'입니다. '여러 사람이 무리를 지어 춤을 춤, 또는 그 춤.'이라는 뜻을 가진 '군무'에는 '群(무리 군)'이 쓰였습니다.

Day 49

143쪽

1 한국, 한　　2 방한, 한복　　3 한화　　4 ②

도움말 4 '韓'이 쓰인 한자 어휘는 '우리나라 고유의 형식으로 지은 집.'이라는 뜻의 '한옥'입니다. '추운 기운.'이라는 뜻을 가진 '한기'에는 '寒(찰 한)'이 쓰였습니다.

Day 50

145쪽

1 나라, 국　　2 (1) 국산 (2) 국토　　3 국경일　　4 나라

도움말 4 '순국(殉國)'은 '國(나라 국)'이 들어 있는 한자 어휘입니다. 따라서 '순국'은 '나라를 위하여 목숨을 바침.'이라는 뜻임을 알 수 있습니다.

다지기

146~147쪽

1 (1) 한국 한 (2) 나라 국 (3) 임금 왕 (4) 백성 민 (5) 군사 군　　2 (1) 행군 (2) 빈민 (3) 한복 (4) 해군　　3 ① 국산 ② 왕릉 ③ 민심 ④ 방한　　4 (1) 한화 (2) 왕권　　5 ①, ③

도움말 5 '國'이 쓰인 한자 어휘는 '나라의 땅.'을 뜻하는 '국토'와 '나라의 경사를 기념하기 위해 법으로 정한 날.'이라는 뜻의 '국경일'입니다. '약국'에는 '局(판 국)'이 쓰였습니다.

특별
부록

한자
쓰기

필순에 맞춰 멋지게 써 보자!

한자를 쓰는 순서, 필순을 알면 쉬워요

한자의 필순(筆順)이란 한자를 쓰는 순서를 말해요. 필순을 지켜서 한자를 쓰면 쓰기도 편하고 모양도 아름답습니다. 다음은 한자의 기본적인 필순 규칙이에요. 이를 모두 외울 필요는 없습니다. 가볍게 살펴보고 시작하세요. 각 한자마다 제시된 획순에 맞게 쓰다 보면 자연스럽게 익혀집니다.

1. 위쪽에 있는 획부터 쓴다.

2. 왼쪽에 있는 획부터 쓴다.

3. 가로획과 세로획이 만날 경우 가로획을 먼저 쓴다.

4. 좌우 모양이 같을 때는 가운데를 먼저 쓰고, 왼쪽 오른쪽의 순서로 쓴다.

5. 바깥 둘레가 있는 글자는 바깥을 먼저 쓰고 안을 나중에 쓴다.

6. 삐침[ノ]과 파임[乀]이 만날 때에는 삐침 먼저 쓴다.

7. 가운데를 꿰뚫는 획은 나중에 쓴다.

8. '辶'은 맨 마지막에 쓴다.

▶ 한자의 훈과 음을 소리 내며 한자를 쓰세요.

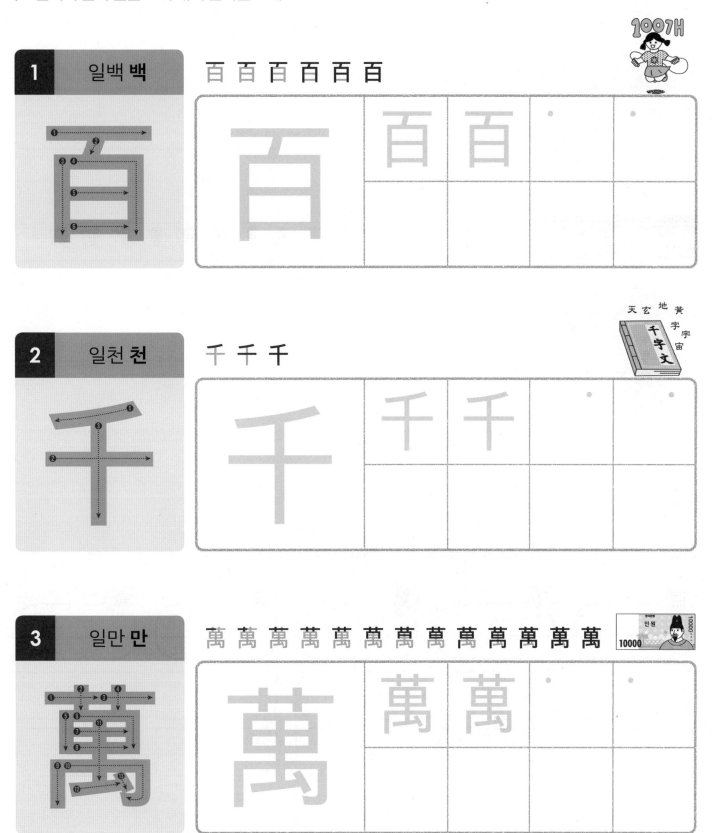

1	일백 **백**

百 百 百 百 百 百

2	일천 **천**

千 千 千

3	일만 **만**

萬 萬 萬 萬 萬 萬 萬 萬 萬 萬 萬 萬 萬

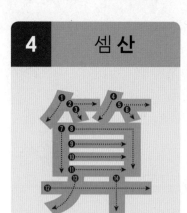

4 셈 산

算算算算算算算算算算算算算算

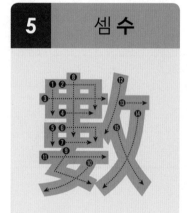

5 셈 수

數數數數數數數數數數數數數數數

정복 어휘!

다음 한자의 훈과 음을 쓰고, 그 한자가 들어간 한자 어휘를 두 개 이상 써 보세요.

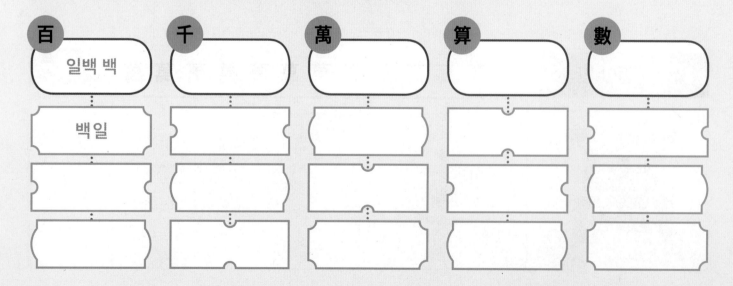

百	千	萬	算	數
일백 백				
백일				

▶ 한자의 훈과 음을 소리 내며 한자를 쓰세요.

6 바람 풍

風 風 風 風 風 風 風 風 風

7 눈 설

雪 雪 雪 雪 雪 雪 雪 雪 雪 雪 雪

8 돌 석

石 石 石 石 石

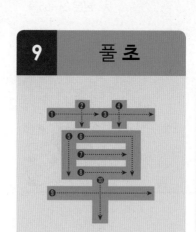

9 풀 초

草草草草草草草草草草

10 꽃 화

花花花花花花花花

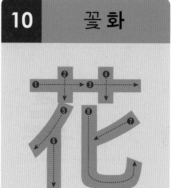

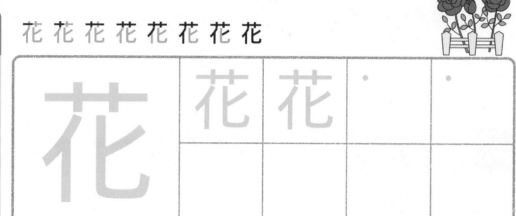

 정복 어휘!

다음 한자의 훈과 음을 쓰고, 그 한자가 들어간 한자 어휘를 두 개 이상 써 보세요.

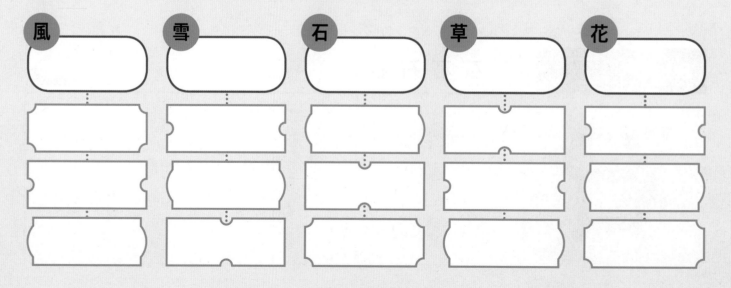

▶ 한자의 훈과 음을 소리 내며 한자를 쓰세요.

| 11 | 봄 춘 | 春 春 春 春 春 春 春 春 春 |

| 12 | 여름 하 | 夏 夏 夏 夏 夏 夏 夏 夏 夏 夏 |

| 13 | 가을 추 | 秋 秋 秋 秋 秋 秋 秋 秋 秋 |

14 겨울 **동** 冬 冬 冬 冬 冬

15 빛 **광** 光 光 光 光 光 光

정복 어휘!

다음 한자의 훈과 음을 쓰고, 그 한자가 들어간 한자 어휘를 두 개 이상 써 보세요.

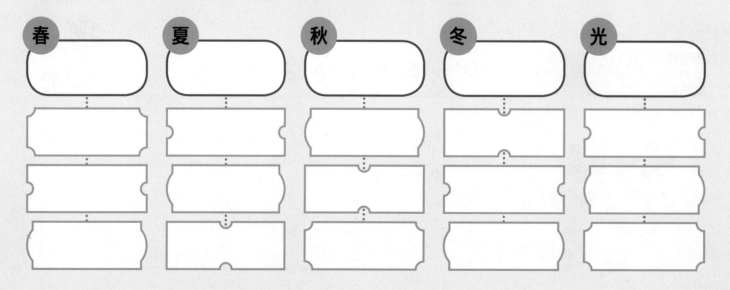

春　　　夏　　　秋　　　冬　　　光

▶ 한자의 훈과 음을 소리 내며 한자를 쓰세요.

16	집 가

家家家家家家家家家家

家

17	집 실

室室室室室室室室室

室

18	문 문

門門門門門門門門

門

19 집 당	堂堂堂堂堂堂堂堂堂堂堂

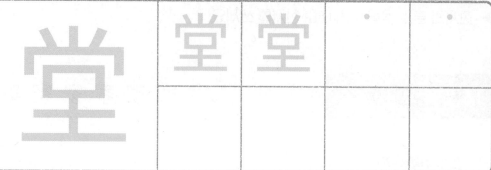

堂 | 堂 | 堂 | | |

20 마당 장	場場場場場場場場場場場場

場 | 場 | 場 | | |

다음 한자의 훈과 음을 쓰고, 그 한자가 들어간 한자 어휘를 두 개 이상 써 보세요.

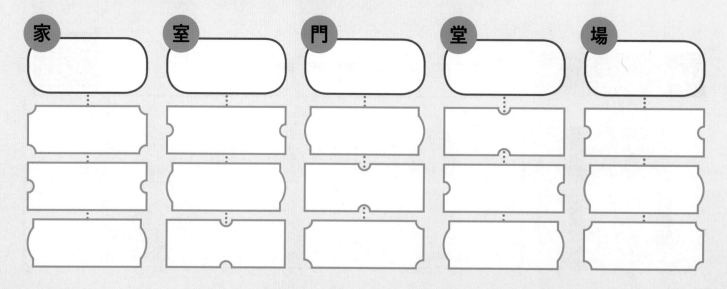

家

室

門

堂

場

▶ 한자의 훈과 음을 소리 내며 한자를 쓰세요.

21	힘 **력**

力 力

22	기운 **기**

氣 氣 氣 氣 氣 氣 氣 氣 氣 氣

23	늙을 **로**

老 老 老 老 老 老

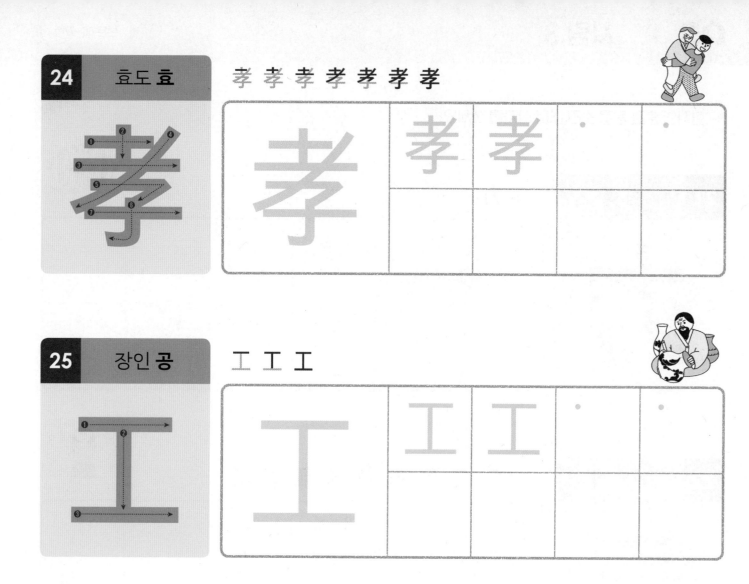

24 효도 **효**

孝 孝 孝 孝 孝 孝 孝

孝	孝	孝	·	·

25 장인 **공**

工 工 工

工	工	工	·	·

다음 한자의 훈과 음을 쓰고, 그 한자가 들어간 한자 어휘를 두 개 이상 써 보세요.

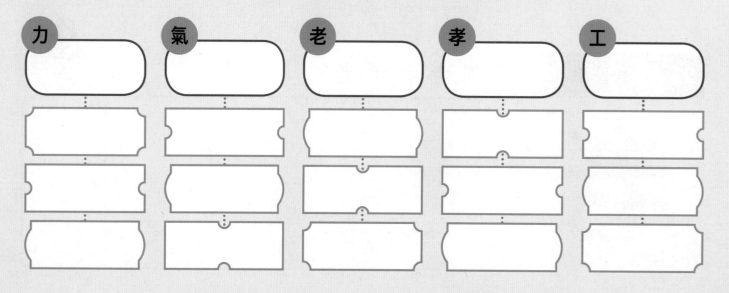

▶ 한자의 훈과 음을 소리 내며 한자를 쓰세요.

| 26 | 모 방 | 方 方 方 方 |

| 27 | 향할 향 | 向 向 向 向 向 向 |

| 28 | 안 내 | 內 內 內 內 |

29	바깥 외

外 外 外 外 外

30	윗 상

上 上 上

정복 어휘!

다음 한자의 훈과 음을 쓰고, 그 한자가 들어간 한자 어휘를 두 개 이상 써 보세요.

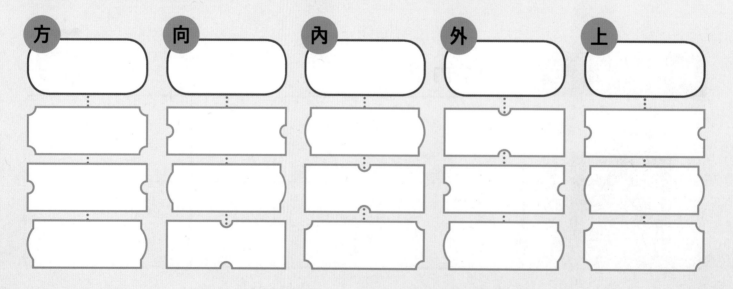

方 向 內 外 上

▶ 한자의 훈과 음을 소리 내며 한자를 쓰세요.

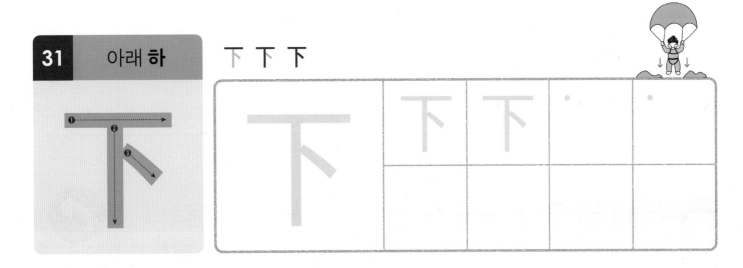

31 아래 하

下 下 下

32 앞 전

前 前 前 前 前 前 前 前 前

33 뒤 후

後 後 後 後 後 後 後 後 後

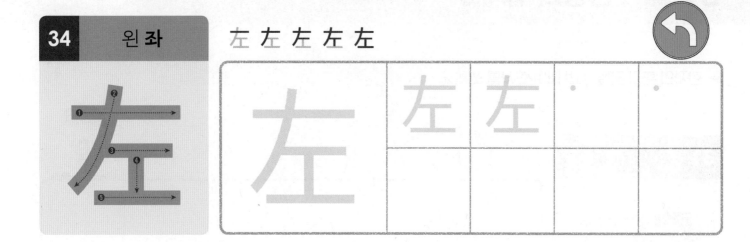

다음 한자의 훈과 음을 쓰고, 그 한자가 들어간 한자 어휘를 두 개 이상 써 보세요.

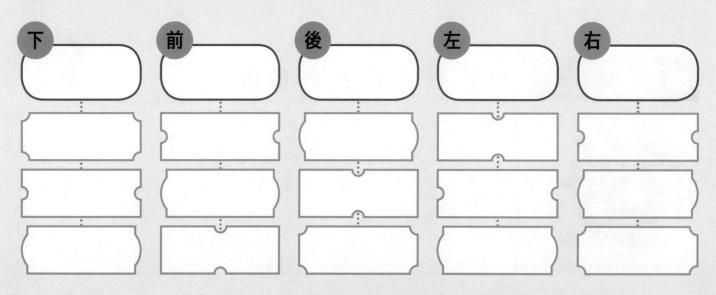

▶ 한자의 훈과 음을 소리 내며 한자를 쓰세요.

36	머리 **두**

頭 頭 頭 頭 頭 頭 頭 頭 頭 頭 頭 頭 頭 頭 頭 頭

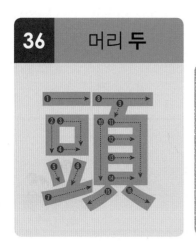

37	몸 **신**

身 身 身 身 身 身 身

38	몸 **체**

體 體 體 體 體 體 體 體 體 體 體 體 體 體 體 體
體 體 體 體 體 體 體

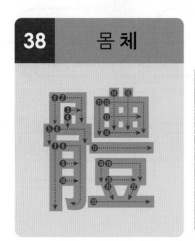

39 기를 육

育 育 育 育 育 育 育 育

育

育	育	育	·	·

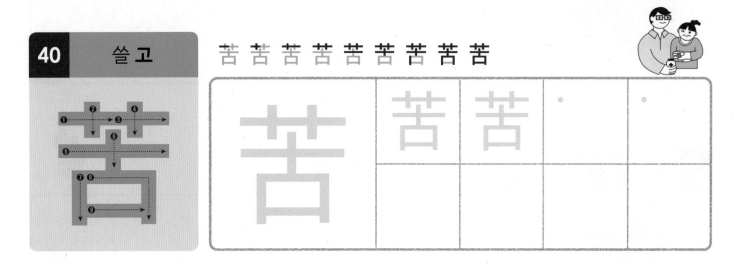

40 쓸 고

苦 苦 苦 苦 苦 苦 苦 苦 苦

苦

苦	苦	苦	·	·

정복 어휘!

다음 한자의 훈과 음을 쓰고, 그 한자가 들어간 한자 어휘를 두 개 이상 써 보세요.

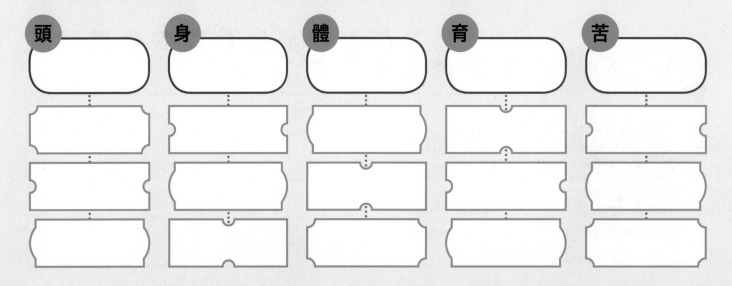

頭	身	體	育	苦

▶ 한자의 훈과 음을 소리 내며 한자를 쓰세요.

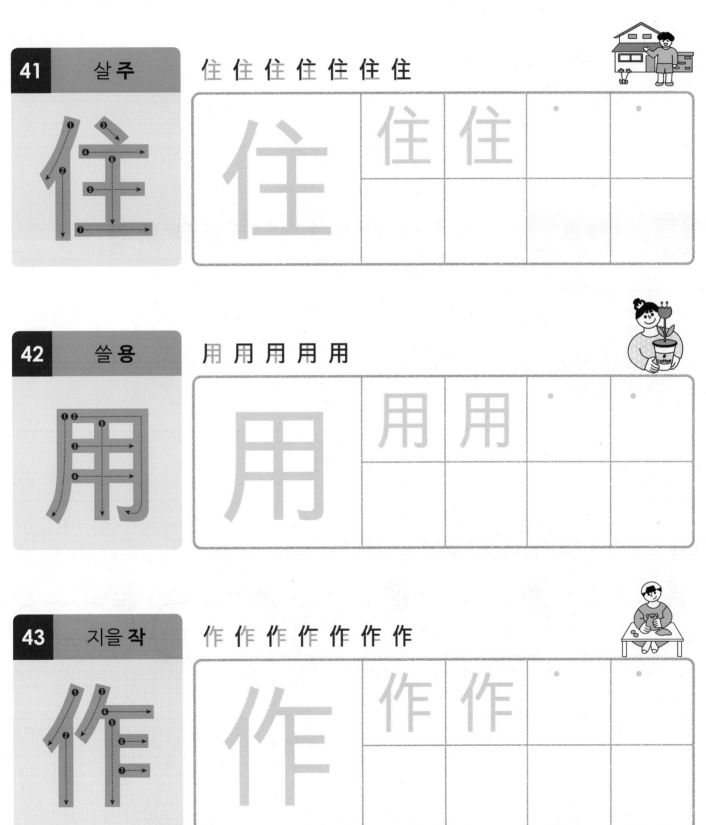

41	살 **주**	住 住 住 住 住 住 住

住 | 住 | 住 | | |

42	쓸 **용**	用 用 用 用 用

用 | 用 | 用 | | |

43	지을 **작**	作 作 作 作 作 作 作

作 | 作 | 作 | | |

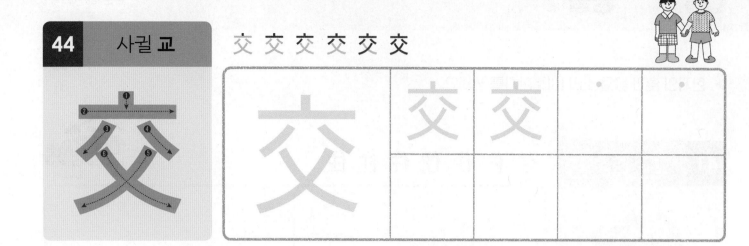

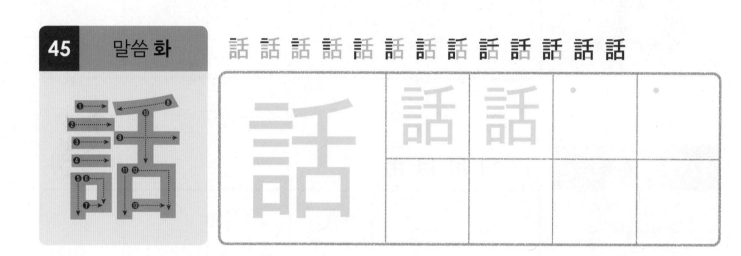

다음 한자의 훈과 음을 쓰고, 그 한자가 들어간 한자 어휘를 두 개 이상 써 보세요.

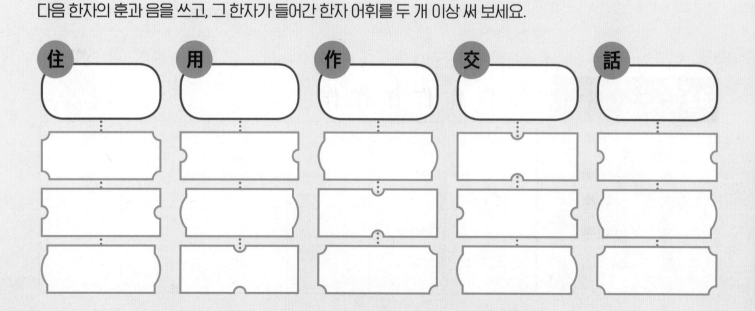

▶ 한자의 훈과 음을 소리 내며 한자를 쓰세요.

46	임금 **왕**
47	백성 **민**
48	군사 **군**

王 王 王 王

民 民 民 民 民

軍 軍 軍 軍 軍 軍 軍 軍 軍

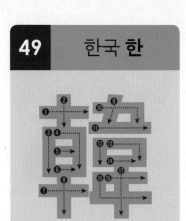

49 한국 **한**

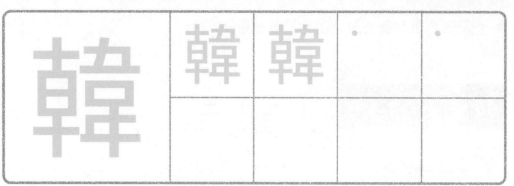

韓	韓	韓	·	·

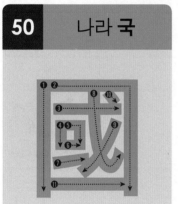

50 나라 **국**

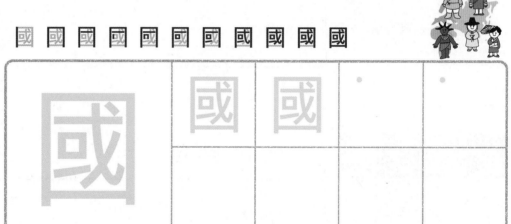

國	國	國	·	·

정복 어휘!

다음 한자의 훈과 음을 쓰고, 그 한자가 들어간 한자 어휘를 두 개 이상 써 보세요.

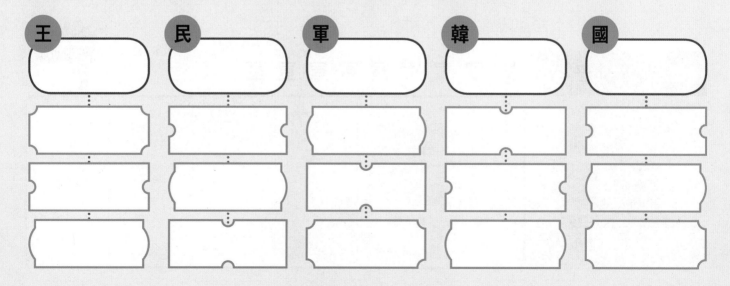

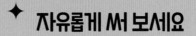

지은이 기적학습연구소

"혼자서 작은 산을 넘는 아이가 나중에 큰 산도 넘습니다"

본 연구소는 아이들이 혼자서 큰 산까지 넘을 수 있는 힘을 키워 주고자 합니다.
아이들의 연령에 맞게 학습의 산을 작게 만들어 혼자서도 쉽게 넘을 수 있게 만듭니다.
때로는 작은 고난도 경험하게 하여 성취감도 맛보게 합니다.
그리고 아이들에게 실제로 적용해서 검증을 통해 차근차근 책을 만들어 갑니다.
아이가 주인공인 기적학습연구소 [국어과]의 대표적 저작물은 〈기적의 독해력〉, 〈기적의 독서 논술〉,
〈4주 만에 완성하는 바른 글씨〉, 〈30일 완성 한글 총정리〉 등이 있습니다.

어휘를 정복하는 한자의 힘 · 3권

초판 발행 2023년 12월 18일
2쇄 발행 2024년 2월 14일

지은이 기적학습연구소
발행인 이종원
발행처 길벗스쿨
출판사 등록일 2006년 6월 16일
주소 서울시 마포구 월드컵로 10길 56(서교동 467-9)
대표 전화 02)332-0931   **팩스** 02)333-5409
홈페이지 www.gilbutschool.co.kr   **이메일** gilbut@gilbut.co.kr

기획 이경은(hey2892@gilbut.co.kr)   **편집 진행** 최지현, 박은숙, 유명희, 임소연
제작 이준호, 이진혁, 김우식   **영업마케팅** 문세연, 박다슬, 박선경   **웹마케팅** 박달님, 이재윤
영업관리 김명자, 정경화   **독자지원** 윤정아

디자인 퍼플페이퍼 정보라   **일러스트** 블루바바
전산 편집 린 기획   **인쇄 및 제본** 상지사피앤비

▶ 잘못 만든 책은 구입한 서점에서 바꿔 드립니다.
▶ 이 책은 저작권법에 따라 보호받는 저작물이므로 무단전재와 무단복제를 금합니다.
   이 책의 전부 또는 일부를 이용하려면 반드시 사전에 저작권자와 출판사 이름의 서면 동의를 받아야 합니다.

ISBN 979-11-6406-614-8(길벗스쿨 도서번호 10900)
정가 14,000원

독자의 1초를 아껴주는 정성 **길벗출판사** ....

길벗스쿨 국어학습서, 수학학습서, 유아콘텐츠유닛, 주니어어학 1 / 2, 어린이교양 1 / 2, 교과서, 길벗스쿨콘텐츠유닛
길벗 IT실용서, IT / 일반 수험서, IT전문서, 어학단행본, 어학수험서, 경제실용서, 취미실용서, 건강실용서, 자녀교육서
더퀘스트 인문교양서, 비즈니스서